# 小5 全科キソまとめ

算数
国語
理科
社会
英語

文英堂

# 本書の使い方

この本は，小学5年生で習う英語，算数，理科，社会，国語を1冊にまとめた参考書です。ドリルや問題集を解いていて，わからないところがあったときや，学校で習った勉強を復習したいときなど，おうちでの学習に使いましょう。

**ココ大事!**

教科書の最重要事項が一目でわかるように，大事なことだけをまとめてあります。まずはここを読んで，単元のなかで一番大事なポイントをおさえましょう。

**深めるチェック**

単元の中で押さえておきたいキーワードを深く理解できるようにまとめてあります。
算数では例題をのせています。
実際に解いて理解しましょう。

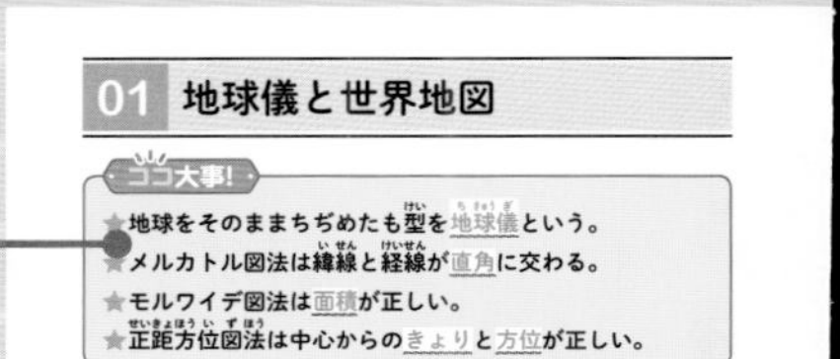

## 01 地球儀と世界地図

ココ大事!

★地球をそのままちぢめたも型《けい》を地球儀《ちきゅうぎ》という。
★メルカトル図法は緯線《いせん》と経線《けいせん》が直角に交わる。
★モルワイデ図法は面積が正しい。
★正距方位図法《せいきょほういずほう》は中心からのきょりと方位が正しい。

深めるチェック　地球儀

地球の陸地や海洋，面積，方位，きょりなどを調べたいときは地球儀を使う。地球儀がかたむいているのは，地球の地軸《ちじく》がかたむいているからである。

☑地球儀 … 地球をそのままちぢめたも型。地球上の陸地や海洋の全体を一度に見わたすことはできない。

深めるチェック　いろいろな地図①

世界全体を一度に見たいときは地図を使う。地図はいろいろな種類があり，目的にあった地図を使う。

☑メルカトル図法 … 緯線と経線が直角に交わるため，２つの地点をむすぶ線と経線が交わる角度が同じになる。ただし緯度が高くなると，面積が実際《じっさい》よりも大きくなり，形がゆがむ。航海図《こうかいず》に利用される。

☑モルワイデ図法 … 面積が正しい地図。分布図《ぶんぷず》に利用される。



▲地球儀　▲メルカトル図法　▲モルワイデ図法

122

英語の各ページには，QRコードがのっています。このQRコードを読みとれば，簡単に音声を再生できます。くわしい使い方はp.008を見てください。

## ＋プラス＋

教科書のレベルより一歩踏み込んだ内容をとりあげています。

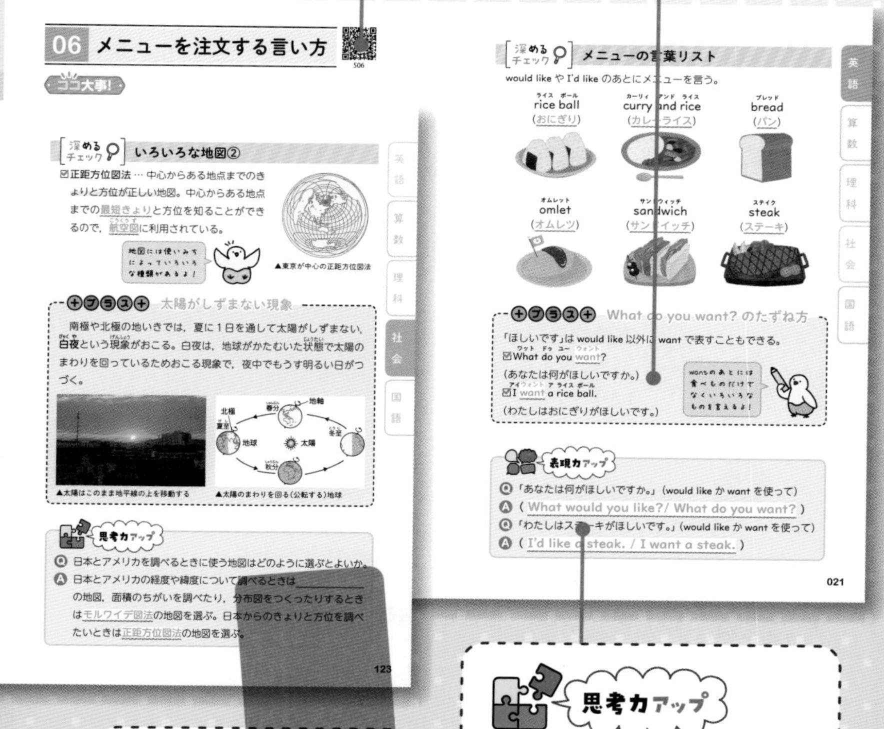


## 赤シート

付録の赤シートで重要な部分をかくしながら，くり返し学習しましょう。

単元で学んだことをもとに，問題にチャレンジしましょう。

# 目次

## 理科

## 社会

## 国語



※国語はうしろのページからはじまります。

# 英語音声の再生方法

## スマートフォン・タブレットで手軽に再生！

- 英語の見開きページに1つ，QRコードを掲載しています。
- 紙面上のＱＲコードを読みとり，表示されるＵＲＬにアクセスするだけで，手軽に音声を再生できます。
- 「ココ大事！」の英文とその意味，言葉リストの英単語とその意味が読まれた音声が再生されます。
- 音声を聞いて，実際に発音してみましょう。

## 無料リスニングアプリで便利に再生！

音声再生用無料アプリ「シグマプレーヤー2」を使えば，音声をダウンロードしておき，オフラインでも再生できます。

**SigmaPlayer2**

リスニングアプリ（音声再生用）

SigmaPlayer2

無料アプリで文英堂の参考書・問題集の音声を聞くことができます。音声の速度を３段階に調整できます。

App Store, Google Playで「シグマプレーヤー」を検索！

●通信料は別途必要です。動作環境は弊社ホームページをご覧ください。●App StoreはApple Inc.のサービスマークです。●Google PlayはGoogle Inc.の商標です。

## パソコンでも再生できる！

文英堂webサイト（www.bun-eido.co.jp）からMP3ファイルを一括ダウンロードできますので，スマートフォンやタブレットがなくてもパソコンで音声を聞くことができます。

---

・音声およびアプリは無料でご利用いただけますが，通信料金はお客様のご負担となります。

・すべての機器での動作を保証するものではありません。

・やむを得ずサービス内容に変更が生じる場合があります。

・ＱＲコードは（株）デンソーウェーブの登録商標です。

# 英語

# 01 アルファベットの学習

501

**ココ大事!**

★アルファベットには A から Z までの 26 文字がある。

| | | | | | |
|---|---|---|---|---|---|
| A エイ | B ビー | C シー | D ディー | E イー | F エフ |
| G ジー | H エイチ | I アイ | J ジェイ | K ケイ | L エル |
| M エム | N エヌ | O オウ | P ピー | Q キュー | R アール |
| S エス | T ティー | U ユー | V ヴィー | W ダブリュー | |
| X エックス | Y ワイ | Z ズィー | | | |

## 深めるチェック 大文字と小文字

### ☑大文字

大文字は第1線から第3線(基《き》線《せん》)までの間に書く。

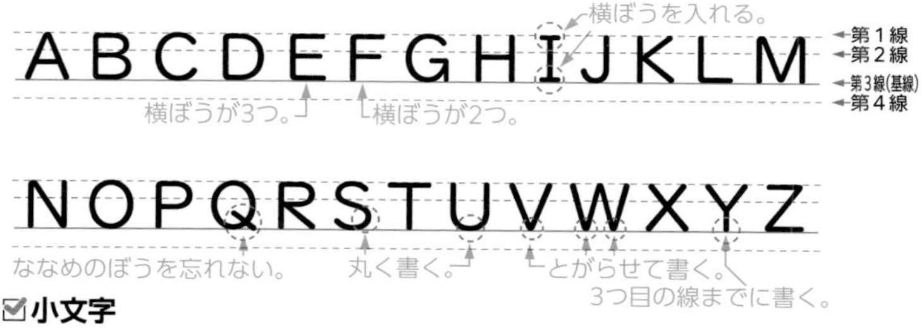


### ☑小文字

小文字は第1線から第4線までの間に書く。

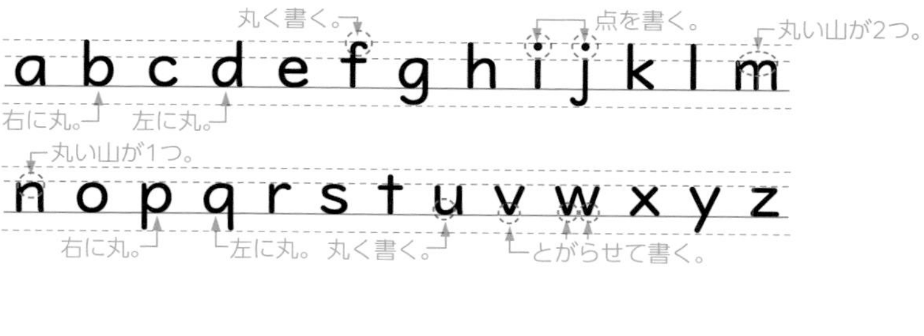

## 深めるチェック　学習に関わる身近な言葉リスト

bag《バッグ》(かばん)

book《ブック》(本)

chair《チェア》(いす)

clock《クロック》(時計)

desk《デスク》(つくえ)

eraser《イレイサァ》(消しゴム)

notebook《ノウトブック》(ノート)

pencil《ペンスル》(えん筆)

### +プラス+　つづりのたずね方

☑How《ハウ》 do《ドゥ》 you《ユ》 spell《スペル》 your《ユア》 name《ネイム》?

(あなたの名前はどのようにつづりますか。)

☑K-a-t-e《ケイ エイ ティ イー》. Kate《ケイト》.

(ケイ，エイ，ティー，イー。ケイトです。)

### 表現力アップ

Q 「英語でいすはどのようにつづりますか。」

A How do you spell ( chair ) in English?

Q 「シー，エイチ，エイ，アイ，アール。チェアです。」

A ( C-h-a-i-r. Chair. )

# 02 自こしょうかいのしかた

502

## ココ大事!

Hello《ヘロウ》. What's《ワッツ》 your《ユア》 name《ネイム》?
（こんにちは。あなたの名前は何ですか。）

Hello《ヘロウ》.
（こんにちは。）
I'm《アイム》 Emily《エミリー》.
（わたしはエミリーです。）
I'm《アイム》 from《フロム》 America《アメリカ》.
（わたしはアメリカの出身です。）
I《アイ》 like《ライク》 cats《キャッツ》.
（わたしはネコが好きです。）

## 深めるチェック 「わたしは〜です」の言い方

自こしょうかいするときは，あいさつのあと，自分の名前，出身地を言ってみよう。like（好き）なども使って好きなものも言ってみよう。

☑「あなたの名前は何ですか。」とたずねるとき

●What's《ワッツ》 your《ユア》 name《ネイム》?　（あなたの名前は何ですか。）
〜は何ですか　あなたの　名前

☑「わたしは〜です。」と言うとき

●I'm《アイム》 Sato《サトウ》 Yumi《ユミ》.　（わたしはサトウユミです。）
わたしは です

☑「わたしは〜の出身です。」と言うとき

●I'm《アイム》 from《フロム》 Japan《ジャパン》.　（わたしは日本の出身です。）
わたしは です 〜の出身　日本

## 深めるチェック 食べもの，色，動物を表す言葉リスト

I like のあとに好きなものを入れて，好きなものを言う。

corn《コーン》（トウモロコシ） melon《メロン》（メロン） fish《フィッシュ》（魚） pizza《ピッツァ》（ピザ）

black《ブラック》（黒） blue《ブルー》（青） red《レッド》（赤） green《グリーン》（緑）

horse《ホース》（ウマ） pig《ピッグ》（ブタ） lion《ライオン》（ライオン） monkey《マンキィ》（サル）

### プラス 「わたしは～がとても好きです。」の言い方

「わたしは～がとても好きです。」と言うときは，「わたしは～が好きです。」の意味の I like ～のあとに「とても」の意味の very much をつけて表す。

☑ I《アイ》 like《ライク》 Japan《ジャパン》 very《ヴェリィ》 much《マッチ》.
（わたしは日本がとても好きです。）

### 表現力アップ

Q 「わたしの名前はカトウアヤカです。」

A （ My name ） is Kato Ayaka.

Q 「わたしは京都がとても好きです。」

A （ I like ） Kyoto （ very much ）.

# 03 たんじょう日の言い方

503

**ココ大事!**

When《ウェン》 is《イズ》 your《ユア》 birthday《バ〜スデイ》?
(あなたのたんじょう日は**いつですか。**)

My《マイ》 birthday《バ〜スデイ》 is《イズ》 May《メイ》 10th《テンス》.
(わたしのたんじょう日は5月10日です。)

## 深めるチェック たんじょう日の言い方

たんじょう日をたずねるときは，「**いつですか。**」という意味になる When is ～? を使う。答えるときは，My birthday is 月 日. で答える。

☑**「あなたのたんじょう日はいつですか。」とたずねるとき**

● When《ウェン》 is《イズ》 your《ユア》 birthday《バ〜スデイ》?
いつ　です　あなたの　たんじょう日
(あなたのたんじょう日はいつですか。)

☑**「わたしのたんじょう日は～」と言うとき**

● My《マイ》 birthday《バ〜スデイ》 is《イズ》 September《セプテンバァ》 9th《ナインス》.
わたしの　たんじょう日　です　9月　9日
(わたしのたんじょう日は9月9日です。)

when は「いつ」などの時をたずねるのに使うよ！

「～日」は数字がヒントになるよ！

## 深めるチェック　月日を表す言葉リスト

### ☑「〜月」を表す言葉

| 1月 | January《ジャニュエリィ》 | 2月 | February《フェビュラリィ》 | 3月 | March《マーチ》 |
|---|---|---|---|---|---|
| 4月 | April《エイプリル》 | 5月 | May《メイ》 | 6月 | June《ジューン》 |
| 7月 | July《ジュライ》 | 8月 | August《オーガスト》 | 9月 | September《セプテンバァ》 |
| 10月 | October《アクトウバァ》 | 11月 | November《ノ(ウ)ヴェンバァ》 | 12月 | December《ディセンバァ》 |

### ☑「〜日」を表す言葉

「〜日」は「〜番目の日」という意味で，英語では「〜番目」という意味を表す言葉で言う。

数字に〈〜 th〉をつけると，「日」になるものが多い。

| 1日 | 1st《ファ〜スト》 | 2日 | 2nd《セカンド》 | 3日 | 3rd《サ〜ド》 | 4日 | 4th《フォース》 |
|---|---|---|---|---|---|---|---|
| 5日 | 5th《フィフス》 | 6日 | 6th《スィックス》 | 7日 | 7th《セヴンス》 | 8日 | 8th《エイス》 |
| 9日 | 9th《ナインス》 | 10日 | 10th《テンス》 | 11日 | 11th《イレヴンス》 | 12日 | 12th《トゥウェルフス》 |
| 20日 | 20th《トゥウェンティエス》 | 21日 | 21st《トゥウェンティファ〜スト》 | 22日 | 22nd《トゥウェンティセカンド》 | 23日 | 23rd《トゥウェンティサ〜ド》 |

### 表現力アップ

Q「あなたのたんじょう日はいつですか。」

A ( When is ) your birthday?

Q「わたしのたんじょう日は12月21日です。」

A My birthday is ( December 21st ).

# 04 「わたしは～できる」の言い方

504

ココ大事!

I《アイ》 am《アム》 Mary《メアリー》.

(わたしはメアリーです。)

I《アイ》 can《キャン》 cook《クック》.

(わたしは料理をすることができます。)

I《アイ》 can't《キャント》 skate《スケイト》.

(わたしはスケートをすることができません。)

## 深めるチェック できることとできないことの言い方

**can** は「～できる」の意味になる。can のあとには，**動きを表す言葉**をそのままおく。「～できない」と言うときは，can't を使う。また，**can't** は cannot でも表すことができる。can't のあとにも，動きを表す言葉をそのままおく。

☑「～できる」と言うとき

●I《アイ》 can《キャン》 speak《スピーク》 English《イングリシュ》.

わたしは できる 話す 英語

(わたしは英語を話すことができます。)

☑「～できない」と言うとき

●I《アイ》 can't《キャント》 (cannot《キャノット》) drive《ドゥライヴ》 a《ア》 car《カー》.

わたしは ～できない 運転する 車

(わたしは車を運転することができません。)

can(～できる)can'tも(～できない)は自こしょうかいで使えるね!

深めるチェック

## 動きを表す言葉リスト

I can のあとに，動きを表す言葉を言う。

cook《クック》(料理する)　eat《イート》(食べる)　make《メイク》(作る)　sing《スィング》(歌う)

swim《スウィム》(泳ぐ)　read《リード》(読む)　speak《スピーク》(話す)　run《ラン》(走る)

### ＋プラス＋ 「～できますか。」のたずね方

「～することができますか。」と人にたずねるときは，can を文の最初に置く。答えるときは can や can't を使い，答える。

☑ Can《キャン》 you《ユー》 play《プレイ》 the《ザ》 guitar《ギター》?
（あなたはギターをひくことができますか。）

・「～できますか」に対して答えるとき

☑ Yes《イエス》, I《アイ》 can《キャン》. / No《ノウ》, I《アイ》 can't《キャント》 (cannot《(キャノット)》).
（はい，できます。/ いいえ，できません。）

### 表現力アップ

**Q** 「あなたは英語を話すことができますか。」

**A** ( Can you speak English? )

**Q** 「わたしは泳ぐことができません。」

**A** ( I can't swim. )

# 05 一日の時間わりの言い方

505

ココ大事!

What《ワット》 do《ドゥ》 you《ユー》 **have**《ハヴ》 **on**《オン》 Tuesday《テューズディ》?

(あなたは火曜日**に**何が**ありますか**。)

I《アイ》 **have**《ハヴ》 science《サイエンス》, math《マス》 and《アンド》 music《ミュージック》.

(わたしは理科と算数と音楽が**あります**。)

## 深めるチェック 一日の時間わりの言い方

have には「(授《じゅ》業《ぎょう》や予定などが)ある」の意味がある。

「〜曜日に」は，曜日を表す言葉の前に「〜に」の意味を表す on を置く。

曜日は大文字で始める。

### ☑「あなたは〜曜日に何がありますか。」とたずねるとき

●What《ワット》 do《ドゥ》 you《ユー》 have《ハヴ》 on《オン》 Monday《マンディ》?

何　あなたは　あります　に　月曜日

(あなたは月曜日に何がありますか。)

### ☑「〜があります。」と言うとき

●I《アイ》 have《ハヴ》 Japanese《ジャパニーズ》, science《サイエンス》 and《アンド》 social《ソーシャル》 studies《スタディーズ》.

わたしは　あります　国語　理科　と　社会

(わたしは国語と理科と社会があります。)

## 深める チェック　教科，曜日を表す言葉リスト

☑ **教科を表す言葉**

English《イングリシュ》(英語)

math《マス》(算数)

science《サイエンス》(理科)

social《ソーシャル》 studies《スタディーズ》(社会)

Japanese《ジャパニーズ》(国語)

P.E.《ピーイー》(体育)

arts《アーツ》 and《アンド》 crafts《クラフツ》(図工)

calligraphy《カリグラフィ》(書写)

☑ **曜日を表す言葉**

| | | | |
|---|---|---|---|
| 月曜日 | Monday《マンディ》 | 火曜日 | Tuesday《テューズディ》 |
| 水曜日 | Wednesday《ウェンズディ》 | 木曜日 | Thursday《サ～ズディ》 |
| 金曜日 | Friday《フライディ》 | 土曜日 | Saturday《サタディ》 |
| 日曜日 | Sunday《サンディ》 | | |

**表現力アップ**

Q 「あなたは木曜日に何がありますか。」

A ( What do you have ) on Thursday?

Q 「わたしは社会と算数と書写があります。」

A I have ( social studies, math and calligraphy. )

Q 「水曜日には図工があります。」

A ( I have arts and crafts on Wednesday. )

# 06 メニューを注文する言い方

506

ココ大事!

What《ワット》 would《ウッド》 you《ユー》 like《ライク》?
（あなたは何がほしいですか。）

I《アイ》 would《ウッド》 like《ライク》 a《ア》 hamburger《ハンバ～ガァ》
and《アンド》 a《ア》 cake《ケイク》.
（わたしはハンバーガーとケーキがほしいです。）

## 深めるチェック 「ほしい」の使い方

**would like** は「ほしい」という意味で，レストランなどで相手にていねいに注文するときに使う。**I'd** は I would を短くした形で，**I'd like** の意味は「わたしは～がほしい」で短くしない場合と意味は同じ。

☑「～ほしいですか。」とたずねるとき

● What《ワット》《何》 would《ウッド》 you《ユー》《あなたは》 like《ライク》《ほしいです》?
（あなたは何がほしいですか。）

☑「わたしは～がほしいです。」と言うとき

● I'd《アイド》《わたしは》 like《ライク》《ほしいです》 a《ア》 pizza《ピッツァ》《ピザ》 and《アンド》《と》 a《ア》 sandwich《サンドウィッチ》《サンドイッチ》.
（わたしはピザとサンドイッチがほしいです。）

andは「～と～」と言いたいときに使おう。

## 深めるチェック メニューの言葉リスト

would like や I'd like のあとにメニューを言う。

rice《ライス》 ball《ボール》
（おにぎり）

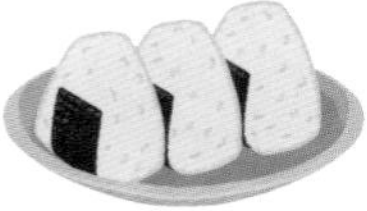

curry《カーリィ》 and《アンド》 rice《ライス》
（カレーライス）

bread《ブレッド》
（パン）

omlet《オムレット》
（オムレツ）

sandwich《サンドウィッチ》
（サンドイッチ）

steak《ステイク》
（ステーキ）

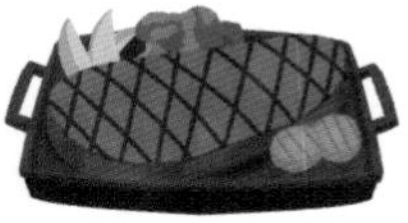

### プラス What do you want? のたずね方

「ほしいです」は would like 以外に want で表すこともできる。

☑What《ワット》 do《ドゥ》 you《ユー》 want《ウォント》?

（あなたは何がほしいですか。）

☑I《アイ》 want《ウォント》 a《ア》 rice《ライス》 ball《ボール》.

（わたしはおにぎりがほしいです。）

### 表現力アップ

Q 「あなたは何がほしいですか。」（would like か want を使って）

A （ What would you like?/ What do you want? ）

Q 「わたしはステーキがほしいです。」（would like か want を使って）

A （ I'd like a steak. / I want a steak. ）

# 07 ねだんや数の言い方・たずね方

507

**ココ大事！**

How《ハウ》 much《マッチ》 is《イズ》 this《ディス》 drink《ドゥリンク》?
（この飲み物はいくらですか。）

It《イット》 is《イズ》 500《ファイヴハンドレッド》 yen《イェン》.
（それは500円です。）

## 深めるチェック　ねだんや数の言い方・たずね方

「いくら」と，ねだんをたずねるときは **How much** を使う。「円」は yen を使う。

☑「～はいくらですか。」とたずねるとき

● How《ハウ》 much《マッチ》 is《イズ》 this《ディス》 book《ブック》?
　いくら　です　この　本
（この本はいくらですか。）

● It《イット》 is《イズ》 800《エイトハンドレッド》 yen《イェン》.
　それは　です　800　円
（それは800円です。）

☑大きな数の言い方

①100は one hundred，1,000は one thousand と言う。

②3けたの数字は百の位と下2けたを区切って言う。

●325＝ three《スリー》 hundred《ハンドレッド》 (and《アンド》) twenty-five《トゥウェンティ ファイブ》

③4けたの数字は千の位と下3けたを区切って言う。

●1,250＝ one《ワン》 thousand《サウザンド》 two《トゥー》 hundred《ハンドレッド》 (and《アンド》) fifty《フィフティ》

## 深める チェック 数を表す言葉リスト

2けたの数字は十の位と一の位を組み合わせて言う。

| | | | | | | | |
|---|---|---|---|---|---|---|---|
| 1 | one《ワン》 | 2 | two《トゥー》 | 3 | three《スリー》 | 4 | four《フォー(ア)》 |
| 5 | five《ファイヴ》 | 6 | six《スィックス》 | 7 | seven《セヴン》 | 8 | eight《エイト》 |
| 9 | nine《ナイン》 | 10 | ten《テン》 | 11 | eleven《イレヴン》 | 12 | twelve《トゥウェルヴ》 |
| 13 | thirteen《サーティーン》 | 14 | fourteen《フォーティーン》 | 15 | fifteen《フィフティーン》 | 16 | sixteen《スィクスティーン》 |
| 17 | seventeen《セヴンティーン》 | 18 | eighteen《エイティーン》 | 19 | nineteen《ナインティーン》 | 20 | twenty《トゥウェンティ》 |
| 21 | twenty《トゥウェンティ》-one《ワン》 | 22 | twenty《トゥウェンティ》-two《トゥー》 | 23 | twenty《トゥウェンティ》-three《スリー》 | 29 | twenty《トゥウェンティ》-nine《ナイン》 |
| 30 | thirty《サーティ》 | 40 | forty《フォーティ》 | 50 | fifty《フィフティ》 | 60 | sixty《スィクスティ》 |
| 70 | seventy《セヴンティ》 | 80 | eighty《エイティ》 | 90 | ninety《ナインティ》 | 100 | one《ワン》 hundred《ハンドレッド》 |

### プラス How many ～？のたずね方

「何本，何びき」と数をたずねるときは How many ～？を使う。

☑ How《ハウ》 many《メニィ》 pens《ペンズ》 do《ドゥ》 you《ユー》 have《ハヴ》?

(あなたは何本ペンを持っていますか。)

☑ I《アイ》 have《ハヴ》 five《ファイヴ》 pens《ペンズ》.

(わたしはペンを5本持っています。)

### 表現力アップ

Q 「あの消しゴムはいくらですか。」

A ( How much )is that eraser?

Q 「1,320」を英語で言うとどうなりますか。

A ( One thousand three hundred (and) twenty )

# 08 道案内のしかた

508

## ココ大事!

Where《ウェア》 is《イズ》 the《ザ》 station《ステイション》?
(その駅はどこにありますか。)

Go《ゴウ》 straight《ストゥレイト》 for《フォ》 three《スリー》 blocks《ブロックス》.
(まっすぐ3ブロック行ってください。)

## 深めるチェック 道案内のしかた

Where ～ ? は「どこに」の意味を表し，Go straight は「まっすぐ行ってください」の意味を表す。「ブロック」は道と道にはさまれた区画のことを言う。

turn は「曲がる」の意味を表す。

☑「～はどこにありますか。」とたずねるとき

●Where《ウェア》 is《イズ》 the《ザ》 hospital《ホスピトゥル》?
どこ　ありますその　病院
(その病院はどこにありますか。)

☑「まっすぐ行ってください。」と言うとき

●Go《ゴウ》 straight《ストゥレイト》 for《フォ》 two《トゥ》 blocks《ブロックス》.
行く　まっすぐ　2　ブロック
(まっすぐ2ブロック行ってください。)

☑「右に曲がってください。」と言うとき

●Turn《ターン》 right《ライト》.　(右に曲がってください。)
曲がる　右

## 深めるチェック 建物を表す言葉リスト

Where is the ＋建物を表す言葉？で，「～はどこにありますか。」の意味になる。

house《ハウス》（家） library《ライブラリィ》（図書館） hospital《ホスピトゥル》（病院） zoo《ズー》（動物園）

restaurant《レストラント》（レストラン） bookstore《ブックストア》（本屋） bus《バス》 stop《スタップ》（バス停）

### ＋プラス＋ on your right[left], at the corner

on や at を用いて on your right[left]「あなたの右[左]側に」，at the corner「角を」と表すことができる。

☑You《ユー》 can《キャン》 see《スィー》 the《ザ》 bookstore《ブックストア》 on《オン》 your《ユア》 right《ライト》.
（あなたの右側に本屋が見えます。）

☑Turn《タ～ン》 left《レフト》 at《アット》 the《ザ》 corner《コーナァ》. （角を左に曲がってください。）

### 表現力アップ

Q 「動物園はどこにありますか。」

A （ Where is the zoo ）?

Q 「あなたの左側に動物園が見えます。」

A You can see （ the zoo on your left ）.

# 09 「～はだれ？」のたずね方

509

## ココ大事!

Who《フー》 is《イズ》 your《ユア》 hero《ヒーロウ》?
（あなたのヒーローは**だれですか**。）

My《マイ》 hero《ヒーロウ》 is《イズ》 **my《マイ》 father《ファーザァ》.**
（**わたしのヒーロー**はわたしの父です。）
He《ヒー》 is《イズ》 **kind《カインド》 to《トゥ》 me《ミー》.**
（**かれは**わたしに親切です。）

## 深めるチェック 「～はだれですか」の言い方

「～はだれですか。」とたずねるときは，**Who is ～？**を使う。

「かれは～です。/ かの女は～です。」と言うときは，**He is ～. / She is ～.**

を使う。

☑ **「～はだれですか。」とたずねるとき**

● Who《フー》 is《イズ》 your《ユア》 hero《ヒーロウ》?
だれ　です　あなたの　ヒーロー
（あなたのヒーローはだれですか。）

☑ **「わたしのヒーローは～です。」と言うとき**

● My《マイ》 hero《ヒーロウ》 is《イズ》 Ms.《ミズ》 Asada《アサダ》.
わたしのヒーロー　です
（わたしのヒーローはアサダさんです。）

☑ **「かれは～です。」「かの女は～です。」と言うとき**

● She《シー》 is《イズ》 great《グレイト》.（かの女はすばらしいです。）
かの女は　です　すばらしい

## 深めるチェック　人の性質を表す言葉リスト

He/She is ＋人の性質《せいしつ》を表す言葉. で，「かれ / かの女は～です。」という意味になる。

gentle《ジェントゥル》（やさしい）

active《アクティブ》（活動的な）

strong《ストゥロング》（強い）

fantastic《ファンタスティック》（すばらしい）

friendly《フレンドゥリィ》（友好的な）

brave《ブレイヴ》（勇かんな）

### ＋プラス＋　「He/She is ～ .」の言い方

He / She is のあとには人の性質を表す言葉以外に，ようすや名前，自分との間がらを表す言葉がくる。

☑ She《シー》 is《イズ》 Mao《マオ》.
（かの女はマオです。）

☑ She《シー》 is《イズ》 my《マイ》 sister《スィスタァ》.
（かの女はわたしの姉[妹]です。）

☑ He《ヒー》 is《イズ》 sometimes《サムタイムズ》 busy《ビズィ》.
（かれはときどきいそがしいです。）

**☑回数を表す言葉**

**always**《オールウェイズ》（いつも）
**usually**《ユージュアリィ》（ふつう，たいてい）
**often**《オ(ー)フン》（よく，しばしば）
**sometimes**《サムタイムズ》（ときどき）

### 表現力アップ

Q 「あなたのヒーローはだれですか。」
A （ Who is ） your hero?
Q 「わたしのヒーローはわたしの母です。かの女は勇かんです。」
A （ My hero is ） my mother. （ She is brave. ）

# 10 人のしょうかいのしかた

510

**ココ大事!**

Who《フー》 is《イズ》 he《ヒー》?
(かれはだれですか。)

This《ディス》 is《イズ》 my《マイ》 brother《ブラザア》.
(こちらはわたしの兄[弟]です。)
He《ヒー》 is《イズ》 good《グッド》 at《アト》 swimming《スウィミング》.
(かれは泳ぐことが得意《とくい》です。)

## 深めるチェック 身近な人のしょうかいのしかた

身近な人をしょうかいするときの「こちらは～です。」は **This is ～ .** を使い，「あちらは～です。」は **That is ～ .** を使う。

「～することが得意です」と言うときは **good at ～ ing** を使う。

☑「こちらは～です。」「あちらは～です。」と言うとき

● That《ザット》 is《イズ》 my《マイ》 sister《スィスタア》.
あちらは　です　わたしの　姉[妹]
(あちらはわたしの姉[妹]です。)

☑「～することが得意です」と言うとき

● She《シー》 is《イズ》 good《グッド》 at《アット》 singing《スィンギング》.
かの女は　です　得意　歌うこと
(かの女は歌うことが得意です。)

## 深めるチェック　家族のよび方の言葉リスト

This is ＋ 家族のよび方. で，自分の家族をしょうかいできる。

grandfather《グランドファーザー》（祖父《そふ》）
grandmother《グランドマザー》（祖母《そぼ》）

father《ファーザー》（父）
mother《マザー》（母）

uncle《アンクル》（おじ）
aunt《アント》（おば）
cousin《カズン》（いとこ）

brother《ブラザー》（兄，弟）
sister《シスター》（姉，妹）

### プラス　「～すること」の言い方

「～すること」と言うときは，いろいろな言葉に ing をつけて表す。

study《スタディ》（勉強する）→ studying
read《リード》（読む）→ reading
swim《スイム》（泳ぐ）→ swimming
dance《ダンス》（おどる）→ dancing
cook《クック》（料理する）→ cooking
listen《リスン》（聞く）→ listening
run《ラン》（走る）→ running
make《メイク》（作る）→ making

### 表現力アップ

Q 「あちらはわたしの祖母です。」

A （ That is my grandmother. ）

Q 「かの女はピアノをひくことが得意です。」

A She is good at （ playing the piano ）.

# 11 日本についての表し方

511

ココ大事!

Welcome《ウェルカム》 to《トゥ》 Japan《ジャパン》.
（日本へようこそ。）
We《ウィ》 have《ハヴ》 the《ザ》 Doll's《ドールズ》 Festival《フェスティヴァル》 in《イン》 spring《スプリング》.
（春にはひな祭りがあります。）

## 深めるチェック 日本文化や行事のしょうかいのしかた

「～へようこそ。」と言うときは「**Welcome to ～ .** 」を使う。**We have ～ .** は「～があります。」という意味になる。

「春(夏，秋，冬)に」は **in** spring(summer, fall, winter)で表す。in のあとには季節だけでなく月なども入る。

### ☑日本文化や行事をしょうかいするとき

● Welcome《ウェルカム》 to《トゥ》 Japan《ジャパン》. （日本へようこそ。）
ようこそ　へ　日本

● We《ウイ》 have《ハヴ》 the《ザ》 Doll's《ドールズ》 Festival《フェスティヴァル》 in《イン》 March《マーチ》.
(わたしたちは)あります　ひな祭り　に　3月
（3月にひな祭りがあります。）

### ☑季節を表す言葉

spring《スプリング》(春)　summer《サマァ》(夏)　fall《フォール》(秋)　winter《ウィンタァ》(冬)

## 深めるチェック　行事を表す言葉リスト

We have ＋ 行事を表す言葉. で，「～があります。」という意味になる。

New《ニュー》 Year's《イアズ》 Day《デイ》(元日)

April《エイプリル》 Fools'《フールズ》 Day《デイ》(エイプリルフール)

Children's《チルドゥレンズ》 Day《デイ》(こどもの日)

the《ザ》 Summer《サマァ》 Festival《フェスティヴァル》(夏祭り)

Halloween《ハロウィーン》(ハロウィーン)

New《ニュー》 Year's《イアズ》 Eve《イヴ》(大《おお》みそ日《か》)

### プラス　理由の聞き方

「なぜ」とたずねるときは Why を用いて表す。

☑ Why《ホワイ》 do《ドゥ》 you《ユ》 like《ライク》 Halloween《ハロウィーン》?
(あなたはなぜハロウィーンが好きなのですか。)

### 表現力アップ

Q 「なぜあなたは夏が好きなのですか。」
A ( Why do you ) like summer?
Q 「夏には夏祭りがあります。」
A ( We have the Summer Festival ) in summer.

英語コラム

# ～町の中で見かける身近な英語～

日本には，英語など日本語ではない言葉を話す人も多く住んでおり，日常《にちじょう》生活においても標識《ひょうしき》などで英語を見たり，電車の車内アナウンスなどで英語を聞いたりする機会が増えました。町の中や駅，電車の中ではどんな英語が使われているでしょうか。

・町の中

**Street**《ストゥリート》（通り），**Stop**《ストップ》（止まれ）
**No**《ノー》 **Parking**《パーキング》（ちゅう車禁止《きんし》）
**No**《ノー》 **Photo**《フォトォ》（さつえい禁止）

・駅や電車の中

**Station**《ステイション》（駅），**Entrance**《エントゥランス》（入口）
**Ticket**《チケット》 **Office**《オフィス》（きっぷ売り場），
**Seat**《スィート》（座《ざ》席），**Door**《ドァー》（ドア）
**Open**《オープン》（開く），**Close**《クローズ》（閉じる）
**Right**《ライト》（右），**Left**《レフト》（左）

電車を利用するときや，歩いているときに，注意して標識を見てみましょう。知らない英単語を目にしたら，どんな意味か確《かく》にんしてみましょう。

# 算数

# 01 偶数と奇数，倍数と公倍数

**ココ大事!**

★2でわり切れる整数を**偶数《ぐうすう》**，2でわり切れない整数を**奇数《きすう》**という。

★ある整数に整数をかけてできる数を，その数の**倍数《ばいすう》**という。また，2つ以上の整数に共通する倍数を**公倍数《こうばいすう》**といい，公倍数の中でもっとも小さい数を**最小公倍数《さいしょうこうばいすう》**という。

## 深めるチェック　偶数と奇数

☑偶数…2でわり切れる整数。一の位の数が0，2，4，6，8となる。

☑奇数…2でわり切れない整数。一の位の数が1，3，5，7，9となる。

**例題**　次の整数を，偶数と奇数に分けなさい。

24，17，40，286，139，31

**答え**　偶数…24，40，286

奇数…17，31，139

## 深めるチェック　倍数

☑4の倍数は，4×1=4，4×2=8，4×3=12，…となるように，ある整数の倍数は，ある整数に1，2，3，…と整数をかけることで，求めることができる。

**例題**　4の倍数，6の倍数を小さいものから順にそれぞれ3つずつ書きなさい。

**解き方**　4に1，2，3をかけて，4，8，12

6に1，2，3をかけて，6，12，18

**答え**　4の倍数…4，8，12

6の倍数…6，12，18

## 深めるチェック　公倍数と最小公倍数

☑公倍数 … 2つ以上の整数に共通している倍数。

☑最小公倍数 … 公倍数の中で**もっとも小さい数**。公倍数は**最小公倍数の倍数**になっている。

**例題** 4と6の公倍数を，小さいものから順に3つ求めなさい。また，最小公倍数を求めなさい。

**解き方** 4の倍数は，4, 8, 12, 16, 20, 24, 28, 32, 36, …

6の倍数は，6, 12, 18, 24, 30, 36, …

**4と6の公倍数**は小さいものから順に，12，24，36

最小公倍数は12

**答え** 公倍数 … 12，24，36　最小公倍数 … 12

## ＋プラス＋ 倍数の見分け方

☑3の倍数 … **各位の数の和**が3の倍数

例 51，123，351

351は，百の位が3，十の位が5，一の位が1

各位の数の和は，3+5+1=**9**　なので，351は3の倍数。

☑4の倍数 … **下2けた**が4の倍数 例 228，308，1024

☑5の倍数 … 一の位が**0**，**5** 例 70，95，135，240

## 思考力アップ

**Q** 2と3と4の公倍数を，小さいものから順に3つ求めなさい。

**解き方** 2と3と4の公倍数を書き出す。　**A** 12，24，36

**Q** 高さ5cm の箱を積み重ねて直方体Ａを，高さ7cm の箱を積み重ねて直方体Ｂをつくる。直方体Ａと直方体Ｂの高さがはじめて等しくなる時の高さを求めなさい。

**解き方** 5と7の最小公倍数を求める。　**A** 35cm

# 02 約数と公約数

**ココ大事!**

★**ある整数をわり切ることができる整数を，その数の約数《やくすう》という。**

★**2つ以上の整数に共通している約数を公約数《こうやくすう》という。公約数の中で，もっとも大きい数を最大公約数《さいだいこうやくすう》という。**

## 深めるチェック 約数

☑約数 … ある整数をわり切ることができる整数。

**例題** 24の約数をすべて求めなさい。

**解き方** 24をわり切ることができる整数を見つけるとよい。

1，2，3，…，24と順番に24をわって，**約数**を求めていく。

**答え** 1，2，3，4，6，8，12，24

## 深めるチェック 公約数と最大公約数

☑公約数 … **2つ以上の整数に共通している約数。**

☑最大公約数 … **公約数**の中でもっとも大きい数。公約数は**最大公約数の約数**になっている。

**例題** 16と24の公約数をすべて求めなさい。また，最大公約数を求めなさい。

**解き方** 16の約数 1，2，4，8，16

24の約数 1，2，3，4，6，8，12，24

**答え** 公約数 … 1，2，4，8　最大公約数 … 8

## ＋プラス＋ 最大公約数の利用

**最大公約数**を利用して，あまりなく配る場合を考えることができる。

**例題** ノート14さつとえん筆35本がある。どちらも同じ数ずつ何人かの子どもにあまりなく分ける時，できるだけ多くの子どもに分けることができるのは，何人の時か。

**解き方** 14と35の**公約数**は1，7で，**最大公約数**は7である。
だから，7人の時にもっとも多くの子どもに分けられる。

**答え** 7人

## 思考力アップ

**Q** 次の数の約数を，すべて求めなさい。
(1) 6　(2) 15　(3) 29

**A** (1) 1, 2, 3, 6　(2) 1, 3, 5, 15　(3) 1, 29

**Q** 24，36，60の公約数を，すべて求めなさい。

**解き方** 24の約数　1, 2, 3, 4, 6, 8, 12, 24
36の約数　1, 2, 3, 4, 6, 9, 12, 18, 36
60の約数　1, 2, 3, 4, 5, 6, 10, 12, 15, 20, 30, 60

**A** 1, 2, 3, 4, 6, 12

**Q** たて45cm，横63cm の長方形の中に，すき間がないように同じ大きさの正方形をしきつめる。正方形がいちばん大きくなる時の1辺は何 cm か。また，この時何まいの正方形をしきつめられるか。

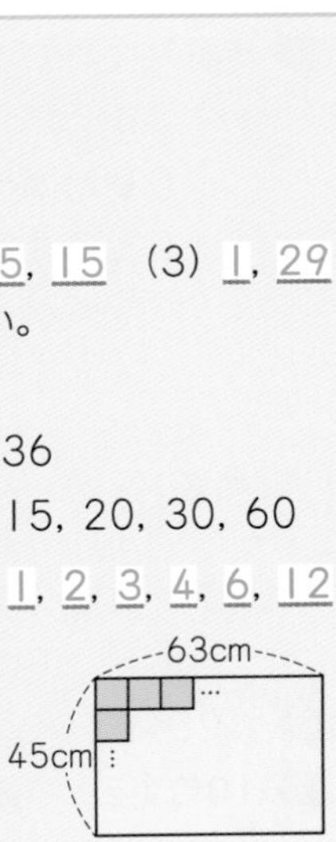

**A** 正方形の1辺 … 9cm　正方形の数 … 35まい

# 03 整数と小数

**ココ大事!**

★ある数を10倍すると，位が1つ上がる。

★ある数を$\frac{1}{10}$すると，位が1つ下がる。

## 深めるチェック 整数と小数のしくみ

☑**整数**も小数も，同じ位取りの考え方で表すことができる。

**例題** □にあてはまる数を書きなさい。

（1）3.865 = 1×□ + □×8+ □×6+0.001×□

（2）0.236 = 0.1×□ + □×3+0.001×□

**解き方** それぞれの位の数がいくつあるか考えるとよい。

（1）3.865は1が3個《こ》，0.1が**8個**，0.01が**6個**，**0.001**が5個集まってできている。

（2）0.236は**0.1**が2個，0.01が**3個**，**0.001**が6個集まってできている。

**答え**（1）（左の□から順に）3，0.1，0.01，5

（2）（左の□から順に）2，0.01，6

## 深めるチェック 10倍，100倍，1000倍した数

☑ある数を10倍，100倍，1000倍すると，それぞれ**小数点が**右へ1けた，2けた，3けた移《うつ》る。

**例題** 6.254を10倍，100倍，1000倍した数を書きなさい。

**解き方** **10倍**すると**小数点は右へ1けた**移るので，62.54

**100倍**すると**小数点は右へ2けた**移るので，625.4

**1000倍**すると**小数点は右へ3けた**移るので，6254

**答え** 10倍 … 62.54　100倍 … 625.4　1000倍 … 6254

## 深めるチェック 10分の1，100分の1，1000分の1した数

☑ある数を $\frac{1}{10}$，$\frac{1}{100}$，$\frac{1}{1000}$ するとそれぞれ**小数点が**左へ1けた，2けた，3けた移る。

**例題** 239を $\frac{1}{10}$，$\frac{1}{100}$，$\frac{1}{1000}$ した数をそれぞれ書きなさい。

**解き方** $\frac{1}{10}$ すると**小数点は左へ1けた**移るので，23.9

$\frac{1}{100}$ すると**小数点は左へ2けた**移るので，2.39

$\frac{1}{1000}$ すると**小数点は左へ3けた**移るので，0.239

**答え** $\frac{1}{10}$ … 23.9　$\frac{1}{100}$ … 2.39　$\frac{1}{1000}$ … 0.239

### ＋プラス＋ 数のしくみと大きさ

0から9までの**10個の数字と小数点**を使うと，**どんな大きさの数も表せる。**

**例題** 1，2，3，4，の4個の数字を1回ずつと小数点を使う時，いちばん大きい数を書きなさい。

**解き方** 数字を大きい順にならべると4321となる。小数点も使ってできる一番大きい数は，432.1

**答え** 432.1

### 思考力アップ

**Q** 7.23を10倍，100倍，1000倍した数を書きなさい。

**A** 10倍 … 72.3　100倍 … 723　1000倍 … 7230

**Q** 3.25は325を何分の1した数か。

**A** 100分の1

**Q** 0，3，5，7の数字をすべて1回ずつと小数点を使ってできる，7にいちばん近い数を書きなさい。

**A** 7.035

# 04 小数のかけ算

**ココ大事!**

★**小数をかける筆算のしかたは，まずは小数点がないものとして，整数と同じように計算する。最後に，積の小数点を正しい位置につける。**

★**かける数が1より小さい時，積はかけられる数より小さくなる。**

## 深めるチェック　整数×小数，小数×小数

☑**整数×小数，小数×小数** … まずは小数点がないものとして筆算して，最後に積の小数点をつける。

☑積の小数点は，かけられる数とかける数の小数点より右にあるけた数の和だけ，右から数えてつける。

**例題** 次の計算をしなさい。

60×2.3

**解き方** 60×2.3=(60×23)÷10=1380÷10=138

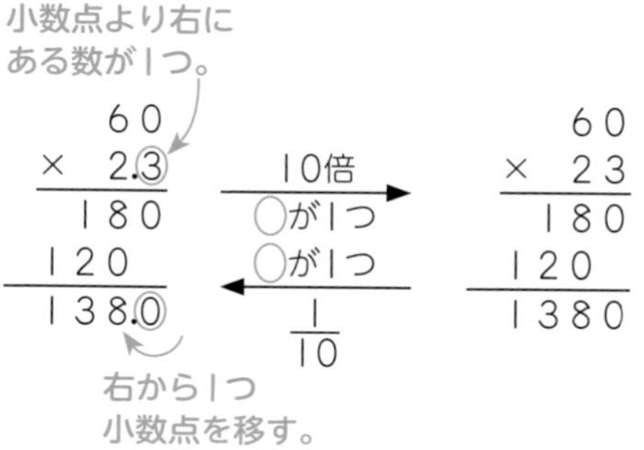

**答え** 138

## 深めるチェック　かける数と積の大きさ

☑かける数が1より小さい時，積はかけられる数より小さくなる。

**例題** 次のかけ算で，積が7.2より小さくなるものを選びなさい。

① 7.2×1.6　② 7.2×2.8　③ 7.2×0.3　④ 7.2×1

**解き方** かける数が1より小さい時，**積は7.2より小さくなる**から，③を選ぶとよい。

**答え** ③

### 思考力アップ

**Q** 1mあたりの重さが3.2kgの金属《きんぞく》のぼうがある。

（1）この金属のぼう6.2mの重さを求めなさい。

（2）この金属のぼう0.7mの重さを求めなさい。

**解き方**（1）3.2×6.2　（2）3.2×0.7

$$\begin{array}{r} 3.2 \\ \times\ \ 6.2 \\ \hline 64 \\ 192\ \ \\ \hline 19.84 \end{array} \qquad \begin{array}{r} 3.2 \\ \times\ \ 0.7 \\ \hline 2.24 \end{array}$$

**A**（1）19.84kg　（2）2.24kg

**Q**（1）1辺が2.4cmの正方形の面積を求めなさい。

（2）たて2.6cm，横4.3cmの長方形の面積を求めなさい。

**解き方**（1）2.4×2.4　（2）2.6×4.3

$$\begin{array}{r} 2.4 \\ \times\ \ 2.4 \\ \hline 96 \\ 48\ \ \\ \hline 5.76 \end{array} \qquad \begin{array}{r} 2.6 \\ \times\ \ 4.3 \\ \hline 78 \\ 104\ \ \\ \hline 11.18 \end{array}$$

**A**（1）$5.76cm^2$　（2）$11.18cm^2$

# 05 小数のわり算

**ココ大事!**

★わられる数とわる数に同じ数をかけても，商は変わらない。

★上の性質《せいしつ》を使って，わる数を整数にしてから計算する。

★わる数が1より小さい時，商はわられる数より大きくなる。

## 深めるチェック　整数÷小数，小数÷小数

☑**整数÷小数，小数÷小数** … **わる数**を10倍，100倍，…して整数にする。**わられる数**も10倍，100倍，…して小数点を右に移《うつ》す。

☑**あまりのあるわり算** … あまりの小数点は，わられる数のもとの小数点にそろえてつける。

**例題** 次の計算をしなさい。

(1) 7÷3.5　　(2) 80÷1.6

(3) 5.2÷1.8　　(4) 1.64÷0.41

**解き方** (1)

3.5)7 （10倍 10倍）→ 35)70（商 □）
70
0

(2)

1.6)80 （10倍 10倍）→ 16)800（商 □□）
80
0

(3)

1.8)5.2 （10倍 10倍）→ 18)52（商 □）
36
16

(4)

0.41)1.64 （100倍 100倍）→ 41)164（商 □）
164
0

**答え** (1) 2　(2) 50　(3) 2あまり1.6　(4) 4

## 深めるチェック わる数と商の大きさ

☑わる数が1より小さい時，商はわられる数より大きくなる。

**例題** 次のわり算で，商が3.2より大きくなるものを選びなさい。

① 3.2÷1.6　② 3.2÷3.2　③ 3.2÷0.4　④ 3.2÷1

**解き方** わる数が1より小さい時，

**商は3.2より大きくなる**から，③を選ぶとよい。

**答え** ③

## 深めるチェック 小数の倍の計算

☑0.8倍や1.5倍のように，**小数**を使って何倍かを表すことができる。

**例題** 2.4cm のぼうは，4.8cm のぼうの何倍の長さか。

**解き方** 2.4÷4.8＝0.5

4.8)2.4（10倍　10倍）→ 48)240

$$\begin{array}{r} 0.5 \\ 48\overline{)\,240} \\ 240 \\ \hline 0 \end{array}$$

**答え** 0.5倍

### 思考力アップ

**Q** 1.7m の重さが10.2g のはり金がある。このはり金1m の重さは何 g か求めなさい。

**解き方** 10.2÷1.7＝6

1.7)10.2（10倍　10倍）→ 17)102

$$\begin{array}{r} 6 \\ 17\overline{)\,102} \\ 102 \\ \hline 0 \end{array}$$

**A** 6g

**Q** 8.7kg の肥料《ひりょう》を1.2kg ずつふくろに分ける。何ふくろに分けることができて，何 kg あまるか。

**解き方** 8.7÷1.2＝7あまり0.3

$$\begin{array}{r} 7 \\ 1.2\overline{)\,8.7} \\ 8\,4 \\ \hline 0.3 \end{array}$$

**A** 7ふくろできて0.3kg あまる。

# 06 ふくざつな小数の計算

**ココ大事!**

★**整数の時に成り立っていた計算のきまりは，小数でも成り立つ。**

## 深めるチェック (○×△)×□＝○×(△×□)

☑3つの数をかける時，かける順序《じゅんじょ》を変えても，積は変わらない。

**例題** (4.5×2.2)×3=4.5×(2.2×3)となることを，右の図を使って説明しなさい。

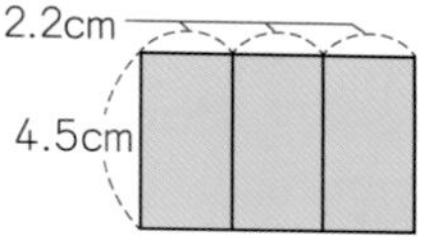


**答え** ① たて4.5cm，横2.2cmの長方形が3個《こ》つながっているので，この面積は，(4.5×2.2)×3＝29.7　と計算できる。

② 横の長さを2.2cmが3個分だと考える。
たて4.5cm，横(2.2×3)cmの長方形とみると，この面積は，
4.5×(2.2×3)＝29.7
①と②で求めた面積が等しくなっている。

## 深めるチェック (○＋△)×□＝○×□＋△×□

**例題** (2+0.5)×4=2×4+0.5×4となることを，右の図を使って説明しなさい。

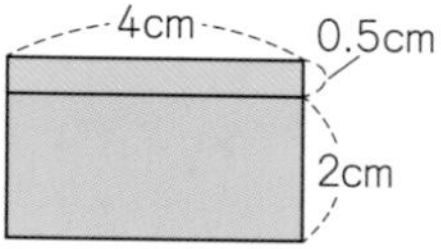


**答え** ① たて(2+0.5)cm，横4cmの長方形のの面積は，(2+0.5)×4＝10と計算できる。

② 緑色の長方形とピンク色の長方形に分けて，2つの長方形の面積を合わせると，2×4+0.5×4＝10
①と②で求めた面積が等しくなっている。

## 深めるチェック　(○－△)×□＝○×□－△×□

**例題** (4－1.7)×6=4×6－1.7×6となることを，右の図を使って説明しなさい。

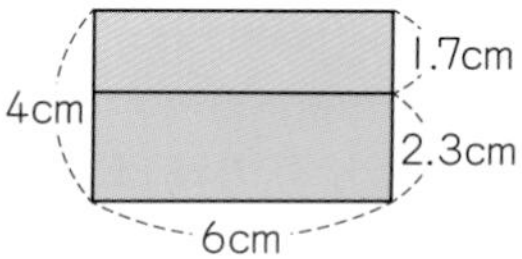


**答え** ① たて(4－1.7)cm，横6cm の長方形の面積は，(4－1.7)×6＝13.8と計算できる。

② たて4cm，横6cm の長方形の面積から，たて1.7cm，横6cm の長方形の面積をひくと，4×6－1.7×6＝13.8

①と②で求めた面積が等しくなっている。

### 思考力アップ

**Q** 次の計算をしなさい。

(1) 4.1×1.25×8

(2) 7.6×3.2+7.6×6.8

(3) 2.3×12.4－2.3×2.4

**解き方** (1) 4.1×1.25×8=4.1×(1.25×8)

=4.1×10=41

(2) 7.6×3.2+7.6×6.8＝7.6×(3.2+6.8)

＝7.6×10

＝76

(3) 2.3×12.4－2.3×2.4＝2.3×(12.4－2.4)

＝2.3×10

＝23

**A** (1) 41　(2) 76　(3) 23

# 07 分数と小数・整数

**ココ大事!**

★わり算の商は，わる数を分母，わられる数を分子とする分数で表せる。

★分数の分子を分母でわると，小数や整数で表せる。

## 深めるチェック わり算の商と分数

☑わり算の商は，分数で表すことができる。　$○÷□=\frac{○}{□}$

例題　① 1m，② 2m，③ 3mのテープを5等分すると，1本分の長さはそれぞれ何mになるか求めなさい。

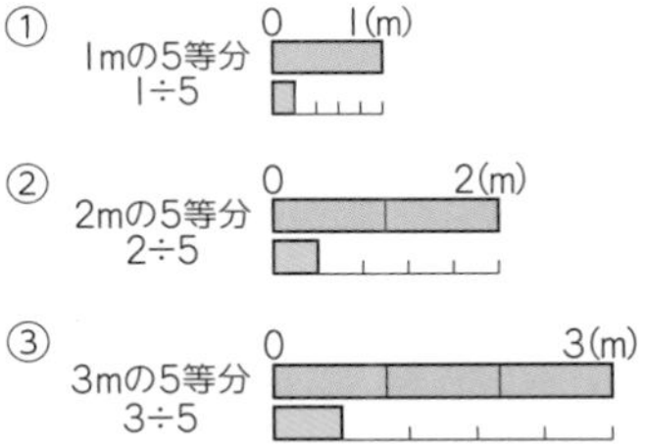


解き方　全体を5等分した時の1本分の長さがどうなるか考える。

答え　① $\frac{1}{5}$m　② $\frac{2}{5}$m　③ $\frac{3}{5}$m

## 深めるチェック 分数を使って，何倍かを表す

☑ $\frac{5}{4}$倍や$\frac{2}{3}$倍のように，**分数**を使って何倍かを表すことができる。

例題　5mの赤いリボン，7mの青いリボンがある。

（1）赤いリボンの長さは，青いリボンの長さの何倍か。

（2）青いリボンの長さは，赤いリボンの長さの何倍か。

解き方　（1）$5÷7=\frac{5}{7}$　（2）$7÷5=\frac{7}{5}$

答え　（1）$\frac{5}{7}$倍　（2）$\frac{7}{5}$倍

## 深めるチェック　分数を，小数や整数で表す

☑ $\frac{\bigcirc}{\square}$=○÷□を利用すると，**分数**を小数や整数で表せる。

**例題** $\frac{2}{5}$を小数で表しなさい。

**解き方** $\frac{2}{5}$=2÷5なので，これを計算して，0.4になる。

**答え** 0.4

## 深めるチェック　小数を分数で表す

☑ 小数は10，100などを分母とする**分数**で表すことができる。

**例題** 0.7，0.51をそれぞれ分数で表しなさい。

**解き方** 0.1=$\frac{1}{10}$なので，0.7=$\frac{7}{10}$

0.01=$\frac{1}{100}$なので，0.51=$\frac{51}{100}$

**答え** 0.7=$\frac{7}{10}$，0.51=$\frac{51}{100}$

### 思考力アップ

**Q** 次の数を，大きい順にならべなさい。

3，$\frac{2}{3}$，1.5，$\frac{1}{4}$

**解き方** 整数，小数，分数の大きさを比《くら》べる時，小数に直すと考えやすい。

$\frac{2}{3}$=2÷3=0.666…なので，約0.67　$\frac{1}{4}$=1÷4=0.25

小数に直して大きい順にならべると，

3，1.5，約0.67，0.25となる。

**A** 3，1.5，$\frac{2}{3}$，$\frac{1}{4}$

# 08 約分と通分

**ココ大事!**

★分数の大きさを変えずに，分母と分子を公約数でわり，分母の小さい分数になおすことを約分《やくぶん》するという。

★いくつかの分数を，大きさを変えないで，分母をそろえることを通分《つうぶん》するという。

## 深めるチェック 大きさの等しい分数

☑**分母**と**分子**に同じ数をかけても，同じ数でわっても，分数の大きさは変わらない。

**例題** □にあてはまる数を答えなさい。

(1) $\frac{1}{4}=\frac{\square}{12}$　(2) $\frac{2}{5}=\frac{4}{\square}$　(3) $\frac{\square}{3}=\frac{8}{24}$

**解き方** (1) $\frac{1}{4} \xrightarrow[\times 3]{\times 3} \frac{3}{12}$　(2) $\frac{2}{5} \xrightarrow[\times 2]{\times 2} \frac{4}{10}$　(3) $\frac{1}{3} \xleftarrow[\div 8]{\div 8} \frac{8}{24}$

**答え** (1) 3　(2) 10　(3) 1

## 深めるチェック 約分

☑約分する時は，分母ができるだけ小さくなるようにする。**分母**と**分子**の最大公約数でわるとよい。

**例題** 次の分数を分母がもっとも小さくなるように約分しなさい。

(1) $\frac{3}{6}$　(2) $\frac{27}{18}$

**解き方** (1) 6と3の**最大公約数は**3

(2) 27と18の**最大公約数は**9

**答え** (1) $\frac{1}{2}$　(2) $\frac{3}{2}$

## 深めるチェック 通分

☑通分する時は，分母をそれぞれの**分母**の最小公倍数にするとよい。

**例題** $\frac{5}{6}$と$\frac{3}{4}$を通分しなさい。

$$\frac{5}{6} \xrightarrow[\times 2]{\times 2} \frac{10}{12} \qquad \frac{3}{4} \xrightarrow[\times 3]{\times 3} \frac{9}{12}$$

**解き方** 分母6と4の**最小公倍数**は12だから，
分母が12で大きさの等しい分数をつくる。

**答え** $\frac{10}{12}$と$\frac{9}{12}$

## 深めるチェック 分数の大小関係

☑**分数**の大きさを比《くら》べたい時は，通分して大きさを調べる。

**例題** $\frac{2}{3}$と$\frac{3}{5}$はどちらが大きいか答えなさい。

**解き方** $\frac{2}{3}$と$\frac{3}{5}$を**通分**すると，それぞれ$\frac{10}{15}$，$\frac{9}{15}$になる。 **答え** $\frac{2}{3}$

### 思考力アップ

**Q** 次の分数を分母がもっとも小さくなるように約分しなさい。

(1) $\frac{9}{18}$ (2) $\frac{24}{72}$

**解き方** (1) 9で約分する。(2) 24で約分する。

**A** (1) $\frac{1}{2}$ (2) $\frac{1}{3}$

**Q** 次の数を通分しなさい。

(1) $\frac{1}{6}$と$\frac{2}{5}$ (2) $\frac{1}{2}$と$\frac{2}{3}$と$\frac{1}{4}$

**解き方** (1) 分母を30でそろえる。
(2) 3つの分母を2，3，4の最小公倍数12にそろえる。

**A** (1) $\frac{5}{30}$と$\frac{12}{30}$ (2) $\frac{6}{12}$と$\frac{8}{12}$と$\frac{3}{12}$

# 09 分数のたし算・ひき算

**ココ大事!**

★分母のちがう分数のたし算・ひき算は，通分《つうぶん》して分母をそろえてから計算する。

★答えが約分《やくぶん》できる時は，約分してかんたんな分数になおす。

## 深めるチェック 真分数のたし算，ひき算

☑ **真分数のたし算，ひき算**は，通分して，分母をそろえて計算する。

**例題** 次の計算をしなさい。

(1) $\frac{1}{2}+\frac{1}{3}$　(2) $\frac{3}{5}-\frac{2}{7}$

**解き方** (1) **分母**を6にそろえると，$\frac{1}{2}+\frac{1}{3}=\frac{3}{6}+\frac{2}{6}=\frac{5}{6}$

(2) **分母**を35にそろえると，$\frac{3}{5}-\frac{2}{7}=\frac{21}{35}-\frac{10}{35}=\frac{11}{35}$

**答え** (1) $\frac{5}{6}$　(2) $\frac{11}{35}$

## 深めるチェック 帯分数のたし算，ひき算

☑ 帯分数を仮分数《かぶんすう》になおして，計算する。

**例題** $1\frac{1}{6}+1\frac{3}{5}$ を計算しなさい。

**解き方** $1\frac{1}{6}$，$1\frac{3}{5}$ を仮分数になおすと，$\frac{7}{6}$，$\frac{8}{5}$ になるから，

$$1\frac{1}{6}+1\frac{3}{5}=\frac{7}{6}+\frac{8}{5}=\frac{35}{30}+\frac{48}{30}=\frac{83}{30}=2\frac{23}{30}$$

**答え** $2\frac{23}{30}$

## 深めるチェック 答えの確にん

☑計算の結果が分数になった時は，必ずこれ以上約分のできないかんたんな分数になおす。

**例題** 次の計算をしなさい。

(1) $\frac{2}{3}+\frac{1}{12}$　(2) $\frac{1}{2}-\frac{1}{6}$

**解き方** (1) **分母**を12にそろえると，$\frac{8}{12}+\frac{1}{12}=\frac{9}{12}$

$\frac{9}{12}$の分母と分子を3でわって，$\frac{3}{4}$

(2) **分母**を6にそろえると，$\frac{1}{2}-\frac{1}{6}=\frac{3}{6}-\frac{1}{6}=\frac{2}{6}$

$\frac{2}{6}$の分母と分子を2でわって，$\frac{1}{3}$

**答え** (1) $\frac{3}{4}$　(2) $\frac{1}{3}$

### ＋プラス＋ 3つ以上の分数の計算

**例題** $\frac{3}{4}+\frac{2}{3}-\frac{4}{5}$を計算しなさい。

**解き方** それぞれの分母を4，3，5の最小公倍数60にそろえる。

$\frac{3}{4}+\frac{2}{3}-\frac{4}{5}=\frac{45}{60}+\frac{40}{60}-\frac{48}{60}=\frac{37}{60}$

**答え** $\frac{37}{60}$

### 思考力アップ

**Q** $3\frac{5}{6}$ mのテープがあった。昨日は$2\frac{1}{7}$ m使い，さらに今日は$\frac{1}{2}$ m使った。残りは何mか。

**解き方** $3\frac{5}{6}-2\frac{1}{7}-\frac{1}{2}=\frac{25}{21}=1\frac{4}{21}$

**A** $1\frac{4}{21}$m

# 10 合同な図形

ココ大事!

★2つの図形がぴったり重なる時，2つの図形は合同である。

## 深めるチェック 合同な図形

☑回転したり，うら返して重なる図形も，合同である。

例題 次の㋐，㋑の図形と合同な図形を，㋒～㋕の中からそれぞれ1つずつ選びなさい。

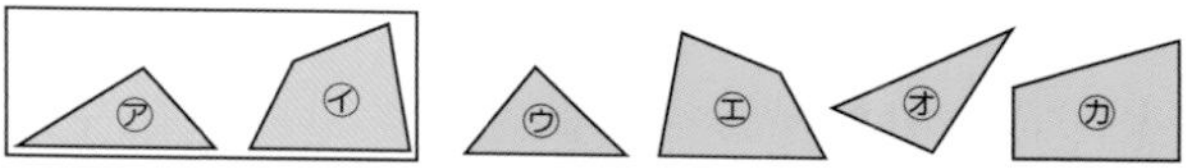


解き方 ・三角形㋐を回転させてぴったり重なり合うのは，㋔

・四角形㋑をうら返してぴったり重なり合うのは，㋓

答え ㋐…㋔　㋑…㋓

## 深めるチェック 合同な三角形

☑合同な図形で，重なり合う頂点《ちょうてん》，辺，角を答える時は，図形の向きをそろえて考える。

例題 右の2つの三角形は合同である。

(1) 頂点Aに対応《たいおう》する頂点を答えなさい。

(2) 辺BCに対応する辺を答えなさい。

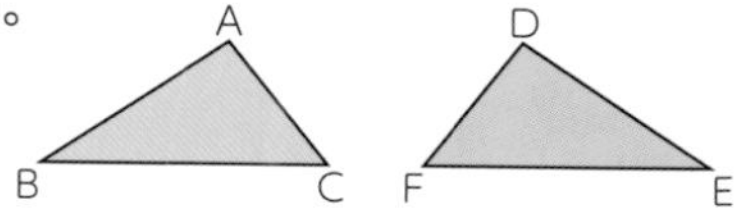


解き方 (1) 頂点Aにぴったり重なり合うのは，頂点D

(2) 辺BCにぴったり重なり合うのは，辺EF

答え (1) 頂点D　(2) 辺EF

## 深めるチェック 合同な三角形のかき方

☑合同な三角形のかき方は3つある。

**例題** 右の三角形と合同な三角形をかく時，3つのかき方を答えなさい。

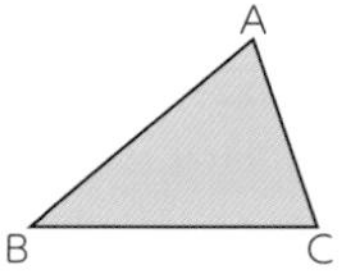


**答え**
・3つの辺の長さが等しくなるようにかく。
・2つの辺の長さと，その間の角の大きさが等しくなるようにかく。
・1つの辺の長さと，その両はしの角の大きさが等しくなるようにかく。

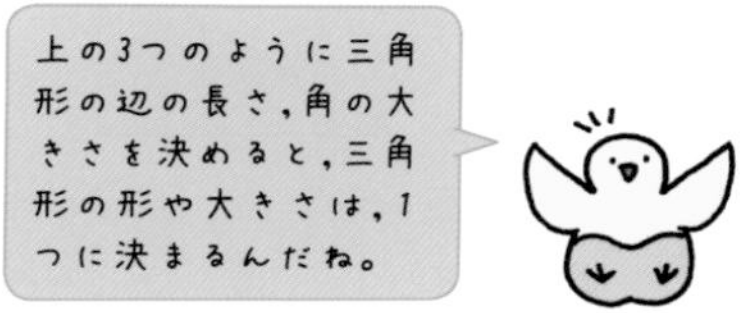


### 思考力アップ

**Q** 右の図の四角形 ABCD と合同な四角形をかく。
まず，三角形 ABC をかいた。
続いて，どの部分を調べて作図すればよいか。
3つの方法を答えなさい。

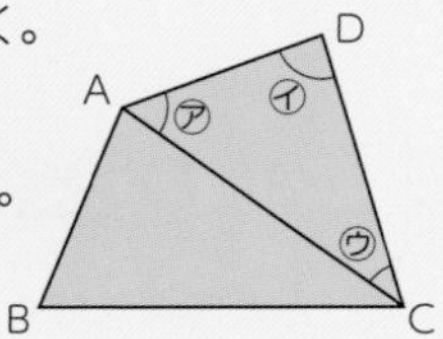

**A** ① 辺 AD と辺 CD の長さを測《はか》ってかく。
② 辺 AD の長さと角㋐の大きさを測ってかく。
（辺 CD の長さと角㋒の大きさを測ってかく。）
③ 角㋐と角㋒の大きさを測ってかく。

# 11 図形の角

## ココ大事!

★三角形の3つの角の大きさの和は，180°である。

★四角形の4つの角の大きさの和は，360°である。

## 深めるチェック　三角形の角の和

☑どんな三角形でも，3つの角の大きさの和は180°である。

**例題** 次の㋐～㋒の角の大きさを求めなさい。

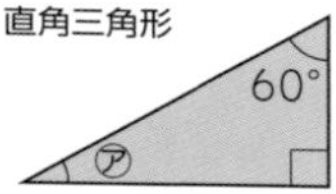


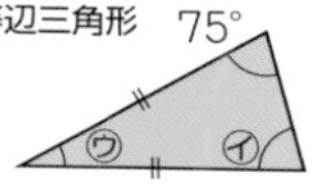


**解き方** どんな三角形でも，3つの角の大きさの和は180°だから，

㋐の角の大きさは，180°－(60°+90°)＝30°

二等辺三角形の2つの角の大きさは等しいので，㋑の角の大きさは75°。

㋒の角の大きさは，180°－(75°+75°)＝30°

**答え** ㋐…30°　㋑…75°　㋒…30°

## 深めるチェック　四角形の角の和

☑どんな四角形でも，4つの角の大きさの和は360°である。

**例題** 右の図の㋐の角の大きさを求めなさい。

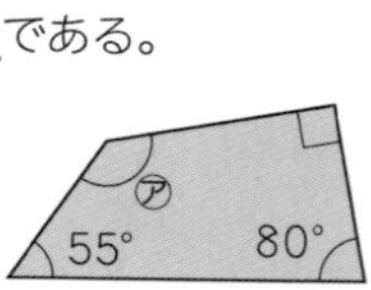


**解き方** どんな四角形でも，4つの角の大きさの和は360°だから，

㋐の角の大きさは，360°－(55°+80°+90°)＝135°

**答え** 135°

## 深めるチェック 多角形の角の和

☑対角線を引いて，三角形に分けて考える。

**例題** 五角形，六角形のすべての角の大きさの和を求めなさい。

**解き方** 右の図のように対角線を引いて三角形に分けると，五角形は3つの三角形に分けられるので，5つの角の大きさの和は，180°×3＝540°となる。

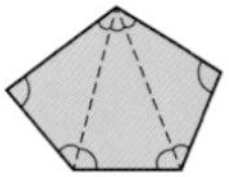

同じように，六角形は4つの三角形に分けられるので，6つの角の大きさの和は，180°×4＝720°

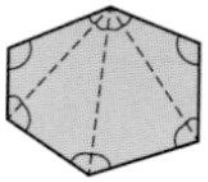

**答え** 五角形…540°　六角形…720°

### ＋プラス＋ □角形の角の和

□角形のすべての角の大きさの和は，180°×(□－2)で求められる。

**例** 四角形の角の大きさの和は，180°×(4－2)＝360°

### 思考力アップ

**Q** 下の図の㋐～㋒の角の大きさを求めなさい。

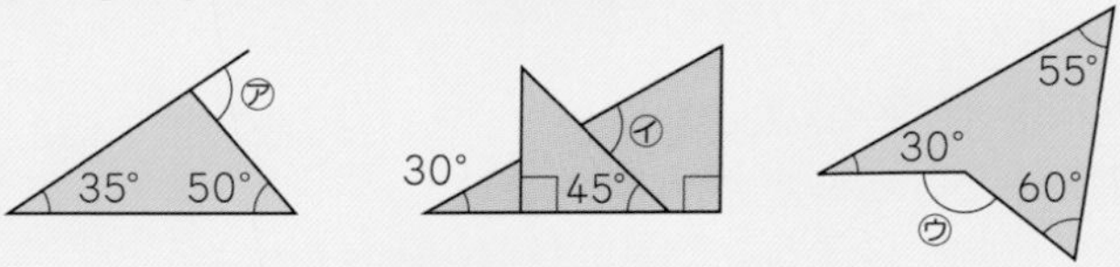


**解き方** ㋐ 180°－{180°－(35°＋50°)}＝85°

㋑ 360°－{(180°－30°)＋(180°－45°)}＝75°

㋒ 360°－{360°－(30°＋60°＋55°)}＝145°

**A** ㋐ 85°　㋑ 75°　㋒ 145°

**Q** 七角形の7つの角の大きさの和を求めなさい。

**解き方** 180°×(7－2)＝900°

**A** 900°

# 12 正多角形と円の性質

**ココ大事!**

★辺の長さ，角の大きさがすべて等しい多角形を正多角形《せいたかくけい》という。

★円周《えんしゅう》÷直径で求められる一定の数3.14を円周率《えんしゅうりつ》という。

## 深めるチェック　正多角形のかき方

☑円をもとに，正多角形は作図できる。

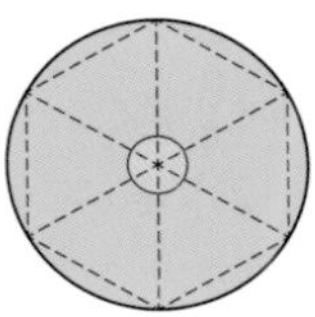

**例題**　右のように，円をもとにして正《せい》六角形《ろっかくけい》を作図したい。円の中心のまわりの角を，何等分すればよいか。

**解き方**　正六角形の辺の数は6なので，円の中心のまわりの角360°を6等分すればよい。

**答え**　6等分

## 深めるチェック　円周と円周率

☑円周＝直径×3.14

**例題**　(1) 右の円の円周を求めなさい。

(2) 円周が18.84cmである円の直径を求めなさい。

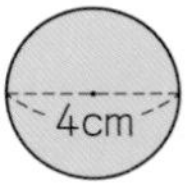


**解き方**　(1) 円周＝直径×3.14なので，4×3.14＝12.56

(2) 円周＝直径×3.14だから，直径＝円周÷3.14である。直径は，18.84÷3.14＝6

**答え**　(1) 12.56cm　(2) 6cm

## 深めるチェック 正多角形

☑正多角形は中心から頂点《ちょうてん》に引いた線で，合同な三角形に分けられる。

**例題** 右の正五角形について，次の問いに答えなさい。

(1) 色のついた三角形は，どんな三角形か。

(2) 角㋐，㋑の大きさを求めなさい。

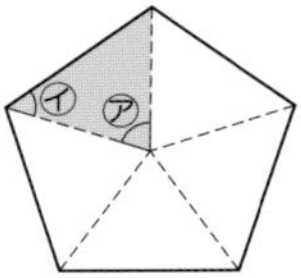


**解き方** (1) 中心から頂点に引いた線の長さは等しいので，二等辺三角形。

(2) 角㋐は，360°を5等分した1つ分なので，360°÷5=72°

角㋑は，(180°−72°)÷2=54°

**答え** (1) 二等辺三角形　(2) ㋐…72°　㋑…54°

### プラス 正多面体

合同な正多角形だけでできた多面体を，正多面体《せいためんたい》という。

| 正四面体 | 正六面体 | 正八面体 | 正十二面体 | 正二十面体 |
| --- | --- | --- | --- | --- |
| 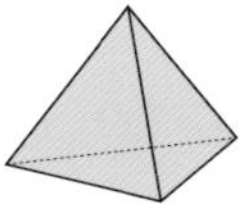 | 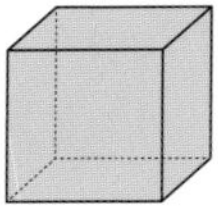 | 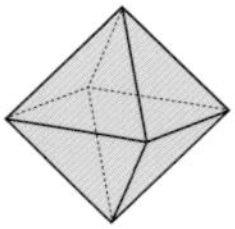 | 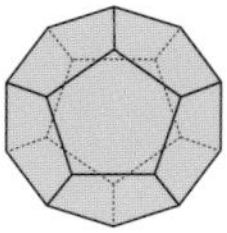 | 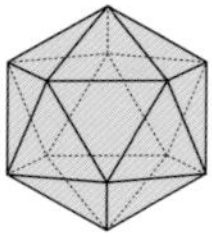 |

### 思考力アップ

**Q** 直径4cmの円をもとにして，正多角形をかいた。

(1) この正多角形の名前を答えなさい。

(2) 角㋐，㋑の大きさを求めなさい。

(3) 色のついた線の長さを求めなさい。

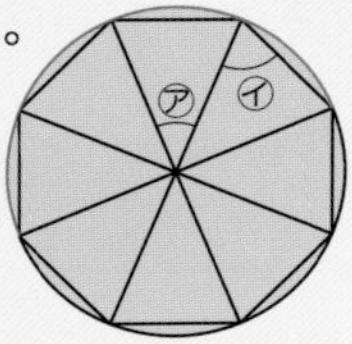


**解き方** (2) ㋐ 360°÷8=45°

㋑ (180°−45°)÷2=67.5°

(3) 直径4cmの円周の半分だから，4×3.14÷2=6.28

**A** (1) 正八角形　(2) ㋐ 45°　㋑ 67.5°　(3) 6.28cm

# 13 平面図形の面積

**ココ大事！**

★**平行四辺形の面積 ＝ 底辺《ていへん》×高《たか》さ**

★**三角形の面積 ＝ 底辺×高さ÷2**

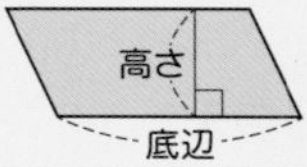


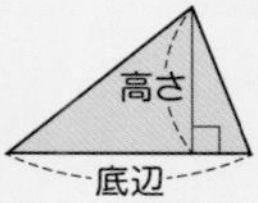


## 深めるチェック　平行四辺形の面積

☑**平行四辺形の面積＝底辺×高さ**

☑高さは，底辺と垂直《すいちょく》にとる。

**例題** 次の平行四辺形の面積を求めなさい。

（1）

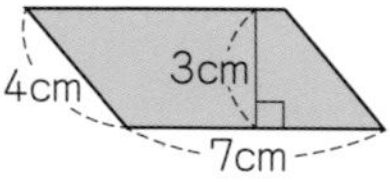


（2）

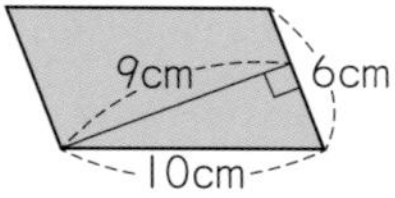


**解き方** （1）底辺を7cm の辺にすると，高さは3cm だから，7×3＝21

（2）底辺を6cm の辺にすると，高さは9cm だから，6×9＝54

**答え** （1）21cm²　（2）54cm²

## 深めるチェック　三角形の面積

☑**三角形の面積＝底辺×高さ÷2**

**例題** 次の三角形の面積を求めなさい。

（1）

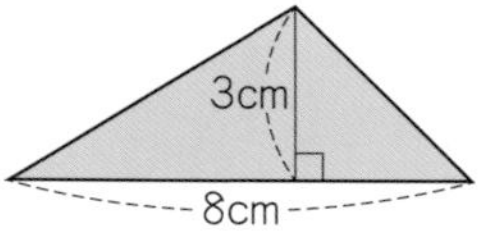


（2）

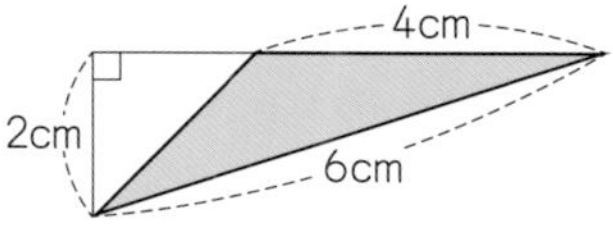


**解き方** （1）三角形の面積の公式より，8×3÷2＝12

（2）底辺を4cm の辺とすると，高さは2cm だから，4×2÷2＝4

**答え** （1）12cm²　（2）4cm²

## 深めるチェック　台形の面積

☑台形の面積＝（上底《じょうてい》＋下底《かてい》）×高さ÷2

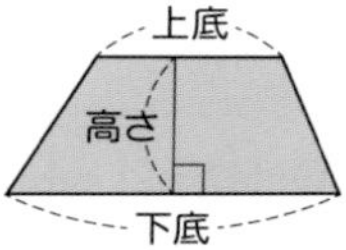


例題　右の台形の面積を求めなさい。

解き方　台形の面積の公式より，

(4+6)×3÷2=15

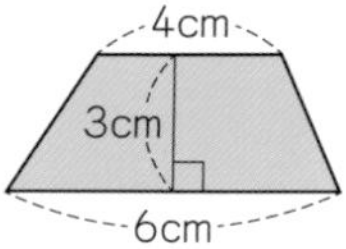


答え　15cm²

## 深めるチェック　ひし形の面積

☑ひし形の面積＝対角線×対角線÷2

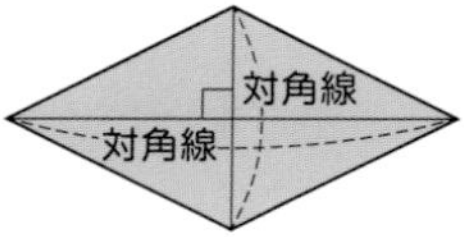


例題　右のひし形の面積を求めなさい。

解き方　ひし形の面積の公式より，

8×4÷2=16

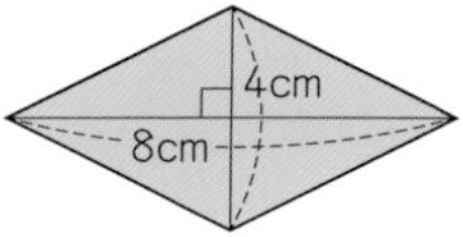


答え　16cm²

### 思考力アップ

Q　右の図形で，色のついた部分の面積を求めなさい。

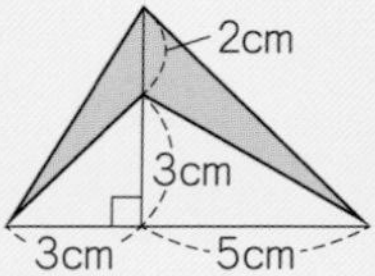


解き方　底辺2cm，高さ3cm の三角形と，底辺2cm，高さ5cm の三角形の面積を合わせる。

2×3÷2+2×5÷2=3+5=8

A　8cm²

# 14 直方体と立方体の体積

**ココ大事!**

★1辺が1cmの立方体と同じ体積を1立方センチメートルといい，1cm$^3$と書く。

★1L＝1000cm$^3$，1m$^3$＝1000L，1mL＝1cm$^3$。

## 深めるチェック 直方体の体積

**例題** 1辺が1cmの立方体を右の図のように積み上げた直方体の体積を求めなさい。

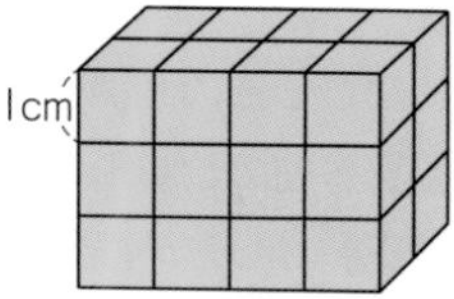


**解き方** 立方体1個《こ》の体積は1cm$^3$

立方体の個数は2×4×3＝24

直方体の体積は1×24＝24

**答え** 24cm$^3$

## 深めるチェック 直方体と立方体の体積

☑**直方体の体積** ＝たて×横×高《たか》さ

☑**立方体の体積** ＝1辺×1辺×1辺

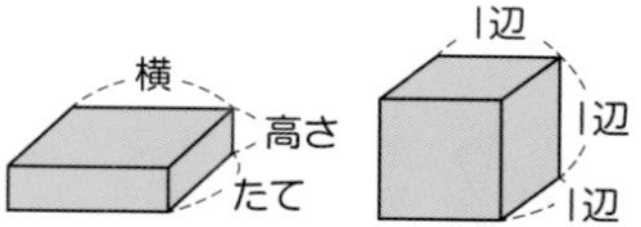


**例題** 次の直方体や立方体の体積を求めなさい。

(1)

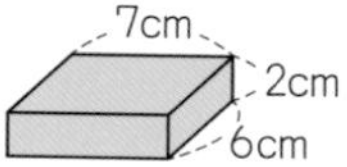


(2)

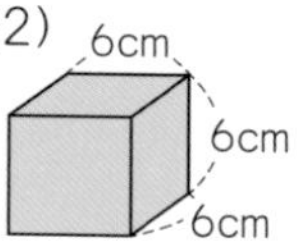


**解き方** (1) 6×7×2＝84（6：たて，7：横，2：高さ） (2) 6×6×6＝216（6：1辺，6：1辺，6：1辺）

**答え** (1) 84cm$^3$ (2) 216cm$^3$

## 深めるチェック いろいろな形の体積

☑いろいろな形の体積は，直方体や立方体に分けたり，おぎなったりして，くふうして求める。

**例題** 右の図のような形の体積を求めなさい。

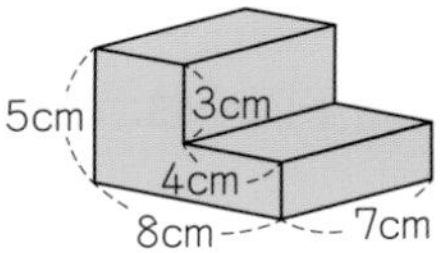


**解き方** へこんでいる部分を直方体でおぎなって考える。

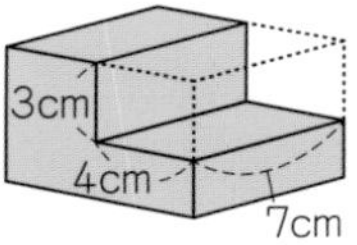


求める体積は，

$(8\times7\times5)-(4\times7\times3)=280-84=196$

（8×7×5：大きな直方体　4×7×3：小さな直方体）

**答え** 196cm$^3$

## 深めるチェック 体積とかさの単位

☑ 1L＝1000cm$^3$，1m$^3$＝1000L，1mL＝1cm$^3$

**例題** 次の㋐～㋓にあてはまる数を答えなさい。

0.5L＝（　㋐　）cm$^3$　　1200L＝（　㋑　）m$^3$

240mL＝（　㋒　）cm$^3$　　0.003m$^3$＝（　㋓　）cm$^3$

**答え** ㋐0.5×1000＝500　㋑1200÷1000＝1.2

㋒240×1＝240　㋓0.003×1000000＝3000

**答え** ㋐…500　㋑…1.2　㋒…240　㋓…3000

### 思考力アップ

**Q** 次の図のような形の体積を求めなさい。

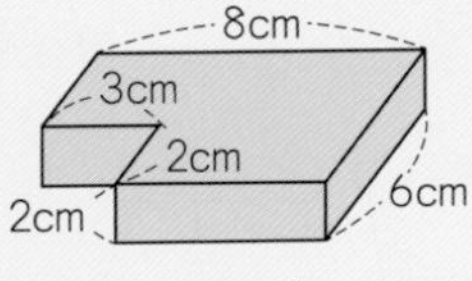

**解き方** 6×8×2－2×3×2＝84

**A** 84cm$^3$

# 15 立体

## ココ大事!

★平面ではない，曲がった面を曲面《きょくめん》という。

★平面や曲面で囲まれた形を立体という。

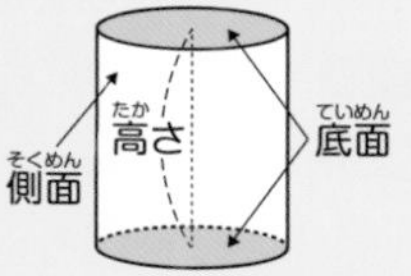


## 深めるチェック 角柱

☑角柱《かくちゅう》 … 2つの底面が平行で，合同な多角形《たかくけい》でできた立体。

**例題** 右の図について，次の問いに答えなさい。

（1）底面と側面はどのような関係か。

（2）この立体の名前を答えなさい。

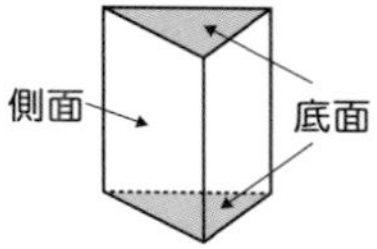


**解き方** （1）2つの**底面**と**側面**は垂直《すいちょく》になっている。

（2）2つの**底面**がともに**三角形**なので，三角柱。

**答え** （1）垂直　（2）三角柱

## 深めるチェック 円柱

☑円柱《えんちゅう》 … **2つの底面**が平行で合同な円でできた立体。

**例題** 右の立体について，次の問いに答えなさい。

（1）合同になっているのは，どの面とどの面か。

（2）㋐と㋒の面はどのような位置関係になっているか。

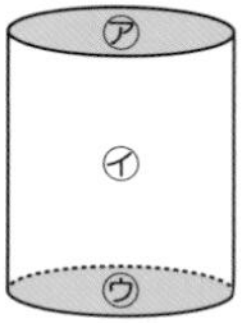


**解き方** （1）**ぴったり重なる**のは，面㋐と面㋒。

（2）平行になっている。

**答え** （1）面㋐と面㋒　（2）平行

## 深めるチェック　見取図と展開図

☑ **展開《てんかい》図《ず》**でもとの**角柱や円柱の側面にあたる長方形**の横**の長さ**は，**底面**のまわり**の長さ**と等しい。

**例題** 円柱の見取図と展開図について，次の問いに答えなさい。

(1) ABの長さは何cmか。

(2) ADの長さは何cmか。

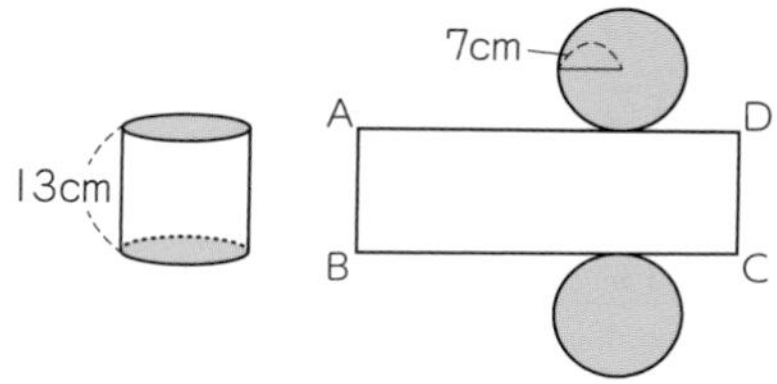


**解き方** (1) ABは，見取図の円柱の高さと同じだから，13cm

(2) ADは，底面の円周《えんしゅう》と等しいから，7×2×3.14＝43.96

**答え** (1) 13cm　(2) 43.96cm

### ＋プラス＋　多面体定理

多面体《ためんたい》において，**(頂点《ちょうてん》の数)**＋**(面の数)**－**2**＝(辺の数)という関係がある。

**例** **三角柱の頂点**の数は6，**面**の数は5，**辺**の数は9で，6+5−2=9となっているので，上の関係が成り立っていることがわかる。これを**多面体定理**という。

### 思考力アップ

**Q** 右に，ある角柱の展開図をかいた。
この角柱の底面2つを，図の㋐～㋔から選びなさい。

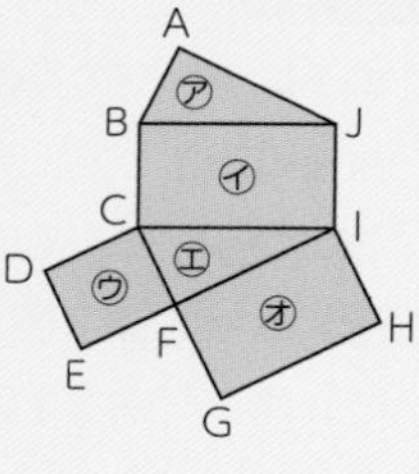


**解き方** 頭の中で展開図を組み立てて考える。

**A** ㋐，㋓

# 16 ともなって変わる2つの量

**ココ大事!**

★一方が変わると，もう一方も変わる関係は，表にまとめて調べる。

★□が2倍，3倍，…になると，△も2倍，3倍，…になる時，□と△の関係を比例《ひれい》という。

## 深めるチェック　ともなって変わる2つの量

☑**ともなって変わる2つの量**は，表にまとめて関係を調べる。

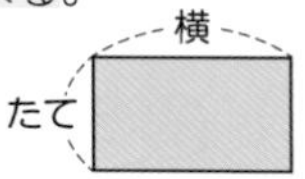


**例題** 50cm のひもで長方形をつくる。

（1）たてと横の長さの和は何 cm になるか。

（2）右の表の，㋐～㋒にあてはまる数を答えなさい。

| たての長さ(cm) | 5 | 10 | 15 | 20 |
|---|---|---|---|---|
| 横の長さ(cm) | 20 | ㋐ | ㋑ | ㋒ |

**解き方**（1）**(たて＋横)**×2＝50だから，**たて＋横**＝50÷2＝25

（2）**(たて＋横)の長さからたての長さをひく。**

**答え**（1）25cm　(2) ㋐…15　㋑…10　㋒…5

## 深めるチェック　比例

☑2つの量□と△が比例する時，△＝(決まった数)×□の関係がある。

**例題** 1m が120円のテープがある。テープの長さを□m，代金を△円として，表にまとめた。表の㋐～㋒にあてはまる数を答えなさい。

| 長さ□(m) | 1 | 2 | 3 | 4 |
|---|---|---|---|---|
| 代金△(円) | 120 | ㋐ | ㋑ | ㋒ |

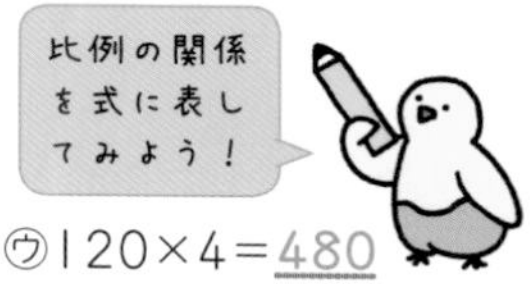


**解き方** △＝120×□の関係がある。

㋐120×2＝240　㋑120×3＝360　㋒120×4＝480

**答え** ㋐…240　㋑…360　㋒…480

## 深めるチェック　比例の関係をみつける

☑ **2つの量**□と△で，ともに2倍，3倍 … と変わる関係が**比例**である。

**例題** 次の①～③で□と△が比例の関係にあるものを1つ選びなさい。

①10個《こ》のあめを，Aさんに□個，Bさんに△個分ける。

②面積が24cm²の長方形のたての長さ□cmと横の長さ△cm。

③1本90円のえん筆の本数□本と，代金△円。

**解き方** えん筆の数を**2倍**，**3倍**…とすると，代金も**2倍**，**3倍**…になるから，**比例**の関係にあるのは③である。

**答え** ③

### ＋プラス＋　反比例

□が×2，×3，…と変わると，△が÷2，÷3，…になる時，□と△の関係を**反《はん》比《ぴ》例《れい》**という。上の**例題**②が反比例の関係になっている。

×2　×3　×4

| | | | | |
|---|---|---|---|---|
| たての長さ□(cm) | 1 | 2 | 3 | 4 |
| 横の長さ△(cm) | 24 | 12 | 8 | 6 |

÷2　÷3　÷4

反比例の式△＝**(決まった数)**÷□　②では，△＝24÷□

### 思考力アップ

**Q** 右の図のように，たて□cm，横7cmの長方形がある。面積を△cm²として次の問いに答えなさい。

(1) □と△の関係を式に表しなさい。

(2) 面積が105cm²の時の，たての長さを求めなさい。

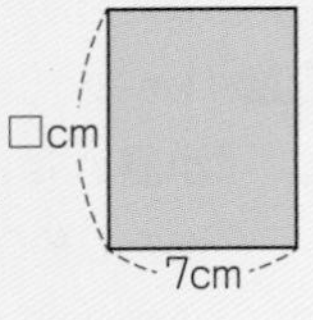


**解き方** (1) **長方形の面積＝たて×横**

(2) **105÷7＝15**

**A** (1) △＝□×7　(2) 15cm

# 17 平均・単位量あたりの大きさ

**ココ大事!**

★複数《ふくすう》の数量を同じ大きさになるようにならしたものを平均《へいきん》という。

★$1\text{km}^2$あたりの人口を人口密度《じんこうみつど》という。

## 深めるチェック ともなって変わる2つの量

☑平均…複数の数量を同じ大きさにならしたもの。

**平均＝合計÷個数《こすう》**

**例題** 下の表は，A，B，C，D，Eの5人が1か月に読んだ本のさっ数である。1人平均何さつの本を読んだか。

| 名前 | A | B | C | D | E |
|---|---|---|---|---|---|
| 本の数(さつ) | 3 | 4 | 5 | 2 | 1 |

**解き方** 平均＝合計÷個数なので，(3+4+5+2+1)÷5＝3

**答え** 3さつ

## 深めるチェック こみぐあい

☑$1\text{m}^2$や$1\text{km}^2$あたりの数で，**こみぐあい**を比《くら》べることができる。

**例題** 2つの小屋でウサギを飼育《しいく》している。小屋Aと小屋Bのどちらがこんでいるか。

| 小屋 | 面積($\text{m}^2$) | ウサギの数 |
|---|---|---|
| A | 6 | 4 |
| B | 8 | 5 |

**解き方** $1\text{m}^2$あたりのウサギの数で比べる。

**小屋Aは，4÷6＝0.666…で，$1\text{m}^2$あたり約0.67ひき。**

**小屋Bは，5÷8＝0.625で，$1\text{m}^2$あたり約0.63ひき。**だから，こんでいるのは小屋Aである。

**答え** A

## 深めるチェック 人口密度

☑**人口密度**は，人口÷面積($km^2$)で求めることができる。

例題　A市は面積が150$km^2$で人口は32150人である。B市は面積が120$km^2$で人口は28060人である。どちらの市の人口密度が高いか。

解き方　A市とB市，それぞれの人口密度を求める。
A市の人口密度は，**32150÷150＝214.3…で約210人**
B市の人口密度は，**28060÷120＝233.8…で約230人**
だから，B市の人口密度が高い。

答え　B市

## 深めるチェック 単位量あたりの大きさ

☑**人口密度**や，**1gあたりの代金**などを単位量あたりの大きさという。

例題　500gの代金が2000円のお肉がある。
(1) このお肉1gあたりの代金を求めなさい。
(2) このお肉300gの代金を求めなさい。

解き方　(1) 2000÷500＝4　(2) 4×300＝1200

答え　(1) 4円　(2) 1200円

### 思考力アップ

ガソリン20Lで340km走る自動車がある。

Q　ガソリン1Lあたりで何km走ることができるか。
解き方　340÷20＝17　A　17km

Q　30Lのガソリンで何km走ることができるか。
解き方　17×30＝510　A　510km

Q　850km走るために，何Lのガソリンが必要か。
解き方　850÷17＝50　A　50L

# 18 速さ

**ココ大事!**

★**単位時間あたりに進む道のりを，速さという。**

★**速さ＝道のり÷時間　時間＝道のり÷速さ**

**道のり＝速さ×時間**

## 深めるチェック　速さ

☑速さ … 単位時間あたりに進む道のりで表す。

**速さ**＝道のり÷時間

例題　540mを9分で進むゆうとさんと，280m を4分で進むさくらさんでは，どちらが速いか。

解き方　1分あたりに進む道のりで，**速さ**を比《くら》べる。

ゆうとさんの速さは，540÷9=60で分速《ふんそく》60m。

さくらさんの速さは，280÷4=70で分速70m。

だから，さくらさんの方が速い。

答え　さくらさん

## 深めるチェック　時速・分速・秒速

☑時速《じそく》 … **1時間あたり**に進む道のりで表す速さ。

☑分速 … **1分あたり**に進む道のりで表す速さ。

☑秒速《びょうそく》 … **1秒あたり**に進む道のりで表す速さ。

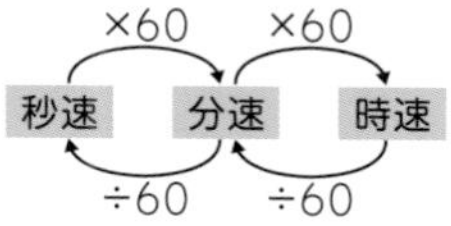


例題　分速180m は秒速何 m か。また時速何 km か。

解き方　**分速**を**秒速**になおすと，180÷60=3で，秒速3m。

**分速**を**時速**になおすと，180×60=10800で，時速10800m。

だから，時速10.8km。

答え　秒速3m，時速10.8km

## 深めるチェック 道のり

☑**道のり**を求める公式 … **道のり＝**速さ×時間

例題 （1）時速60km で進む自動車は，4時間では何 km 進むか。

（2）分速50m で歩く人が15分間歩くと，何 m 進むか。

解き方 道のり＝速さ×時間なので，

（1）60×4=240 （2）50×15=750

答え （1）240km （2）750m

## 深めるチェック 時間

☑かかった**時間**を求める公式 … **時間＝**道のり÷速さ

例題 （1）秒速7m で進む自転車が133m 進むのに何秒かかるか。

（2）時速55km で進む自動車が220km 進むのに何時間かかるか。

解き方 時間＝道のり÷速さなので，

（1）133÷7=19 （2）220÷55=4

答え （1）19秒 （2）4時間

### 思考力アップ

分速900m で走る自動車がある。

Q この自動車が27km 進むのに何分かかるか。

解き方 km を m になおして計算する。

27000÷900=30 A 30分

Q この自動車が2時間で進む道のりは何 km か。

解き方 2時間は120分なので，道のりは，

900×120=108000(m)となる。108000m は108km である。 A 108km

# 19 割合

**ココ大事!**

★もとにする量を1として，比《くら》べられる量がいくつ分にあたるかを表したものを割合《わりあい》という。

## 深めるチェック 割合

☑**割合**＝比べられる量÷もとにする量

**例題** バスケットボールクラブでシュートの練習をした時の記録を右の表にまとめた。割合を求めて，だれの成績《せいせき》がいちばんよかったといえるか答えなさい。

| | シュートした回数(回) | 入った回数(回) |
|---|---|---|
| Aさん | 20 | 10 |
| Bさん | 25 | 15 |
| Cさん | 30 | 12 |

**解き方** 成績は，もとにするシュートした数を1とした時，比べられる量の入った数がいくつにあたるかで表される。

Aさんの成績は10÷20=0.5，Bさんの成績は15÷25=0.6，Cさんの成績は12÷30=0.4だから，Bさんの成績がいちばんよかったといえる。

**答え** Bさん

## 深めるチェック こみぐあいを割合で表す

☑**こみぐあい**は割合で表すことができる。

**例題** 定員30人のバスに，18人乗っている。バスの定員をもとにした，乗っている人数のこみぐあいを表す割合を求めなさい。

**解き方** もとにする量は定員の30人，比べられる量は乗っている人数の18人だから，18÷30=0.6

**答え** 0.6

## 深めるチェック 2つの量の割合

☑2つの量の関係を割合で表すことができる。

**例題** あるグループに男子が10人，女子が8人いる。

（1）男子の人数をもとにした時の，女子の人数の割合を求めなさい。

（2）女子の人数をもとにした時の，男子の人数の割合を求めなさい。

**解き方**（1）もとにする量は男子の人数で，比べられる量は女子の人数だから，

8÷10=0.8

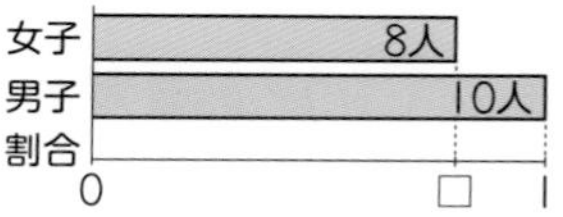


（2）もとにする量は女子の人数で，比べられる量は男子の人数だから，

10÷8=1.25

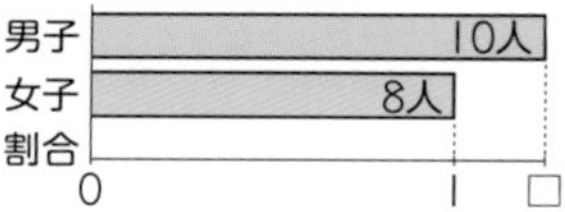


**答え**（1）0.8　（2）1.25

### 思考力アップ

赤いテープが15m，青いテープが12m，黄色いテープが20mある。

**Q** 黄色いテープの長さをもとにした時の，赤いテープの長さの割合を求めなさい。

**解き方** 15÷20=0.75　**A** 0.75

**Q** 黄色いテープの長さをもとにした時の，青いテープの長さの割合を求めなさい。

**解き方** 12÷20=0.6　**A** 0.6

# 20 百分率と歩合

ココ大事!

★割合《わりあい》を表す0.01を1パーセントとし，パーセントで表された割合を百分率《ひゃくぶんりつ》という。

## 深めるチェック 百分率

☑百分率 … 小数で表された割合の0.01を1%と表す方法。

例題 次の割合を小数は百分率で，百分率は小数で表しなさい。

（1）0.24　（2）0.7　（3）3%

解き方 小数で表された割合に100をかけると**百分率**になり，百分率で表された割合を100で割ると**小数**の割合になる。

（1）0.24×100=24

（2）0.7×100=70

（3）3÷100=0.03

答え （1）24%　（2）70%　（3）0.03

## 深めるチェック 歩合

☑歩合《ぶあい》 … 割合の**0.1**を1割《わり》，**0.01**を1分《ぶ》，**0.001**を1厘《りん》と表す方法。

例題 次の割合を小数は歩合で，歩合は小数で表しなさい。

（1）0.8　（2）0.527　（3）7割2分

解き方 （1）0.1は1割だから，0.8は8割。

（2）0.1は1割，0.01は1分，0.001は1厘だから，0.527は5割2分7厘。

（3）1割は0.1，1分は0.01だから，7割2分は0.72。

答え （1）8割　（2）5割2分7厘　（3）0.72

## 深めるチェック　割合を百分率で表す

☑表などから求めた**割合**も，百分率で表せる。

**例題** 40人のクラスで，好きな科目を1人1つずつ答えてもらい，教科ごとに答えた人数と割合を右の表にまとめた。表の㋐～㋒にあてはまる数を答えなさい。

| | 人数(人) | 百分率(%) |
|---|---|---|
| 国語 | 10 | 25 |
| 算数 | 16 | 40 |
| 理科 | 8 | ㋐ |
| 社会 | 6 | ㋑ |
| 合計 | 40 | ㋒ |

**解き方** ㋐の割合は8÷40=0.2だから，百分率に表すと0.2×100=20
㋑の割合は6÷40=0.15だから，百分率に表すと
0.15×100=15
㋒は百分率の合計なので，100

**答え** ㋐…20　㋑…15　㋒…100

### プラス　0.001を単位量とする割合の表し方

小数で表された割合の**0.001**を1パーミルといい，1‰と表す。

**例** 5‰=0.005，125‰=0.125，0.617=617‰

### 思考力アップ

野球の成績《せいせき》を右の表にまとめた。

| | 打数(回) | ヒット数(本) |
|---|---|---|
| Aさん | 10 | 6 |
| Bさん | 12 | 9 |
| Cさん | 8 | 4 |

**Q** Aさんの打率《だりつ》を小数で求めなさい。

**解き方** 6÷10=0.6　**A** 0.6

**Q** Bさんの打率を百分率で求めなさい。

**解き方** 9÷12×100=75　**A** 75%

**Q** Cさんの打率を歩合で求めなさい。

**解き方** 4÷8=0.5　**A** 5割

# 21 いろいろなグラフ

**ココ大事!**

★**全体を1つの円の形にかき表したグラフを円《えん》グラフという。**

★**全体を1本の帯のような長方形で表したグラフを帯《おび》グラフという。**

深めるチェック

## 円グラフの見方

☑円グラフでは，円を全体として表し，**半径**で区切って各部分の割合《わりあい》を表している。

例題 右のグラフは，ある学校でクラブ活動をしている人の人数の割合を表したものである。野球クラブ，水泳クラブ，テニスクラブに入っている人の人数の割合は，それぞれ全体の何%か。

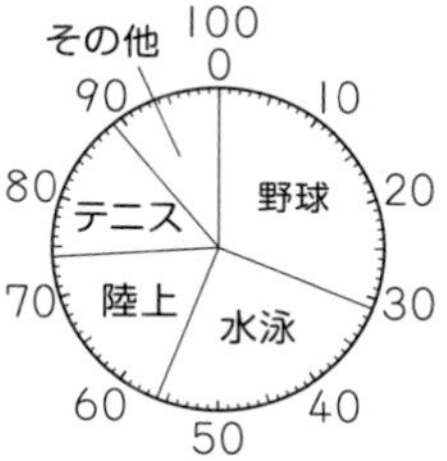


答え 野球…31%　水泳…25%
テニス…15%

深めるチェック

## 帯グラフの見方

☑帯グラフでは，長方形を全体として表し，**たての線**で区切って各部分の割合を表している。

例題 次の帯グラフは，1か月の5年生のけがの種類をまとめたものである。すりきず，やけど，ねんざの人数の割合は，それぞれ全体の何%か。

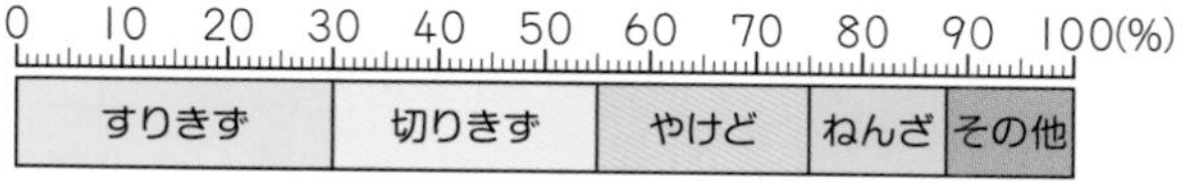


答え すりきず…30%　やけど…20%　ねんざ…13%

## 深めるチェック　グラフのかき方

☑各部分が全体の何％になるか求め，円グラフでは真上から時計回りで百分率《ひゃくぶんりつ》が大きい順に書いていく。

**例題** 右の表は，図書室にある本のさっ数と割合をまとめたものである。

(1) 表の㋐～㋒にあてはまる数を求めなさい。

(2) 表を円グラフに表しなさい。

| 種類 | さっ数（さつ） | 百分率（％） |
|---|---|---|
| 図かん | 32 | 40 |
| 小説 | 20 | ㋐ |
| 自伝 | 16 | ㋑ |
| 絵本 | 8 | ㋒ |
| その他 | 4 | 5 |
| 合計 | 80 | 100 |

**解き方** (1) ㋐の百分率は，

20÷80×100=25

㋑の百分率は，16÷80×100=20

㋒の百分率は，8÷80×100=10

(2) 表の百分率に合わせて，それぞれ区切って円グラフをかく。百分率が大きい順に，真上の0(100)から時計回りにかいていく。

**答え** (1) ㋐…25　㋑…20　㋒…10

(2) 右の図

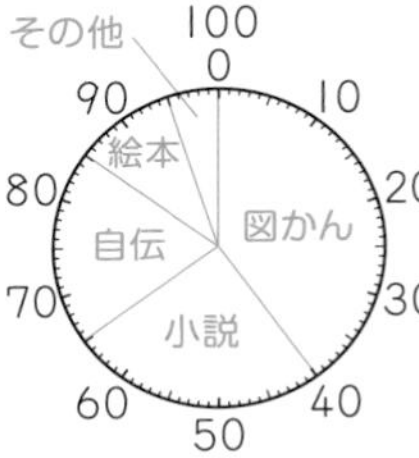


### 思考力アップ

上の深めるチェックの表について，次の問いに答えなさい。

**Q** 絵本のさっ数は，全体のさっ数の何分の1になるか。

**解き方** $8 \div 80 = \frac{1}{10}$　　**A** $\frac{1}{10}$

**Q** 表を帯グラフに表しなさい。

**A**

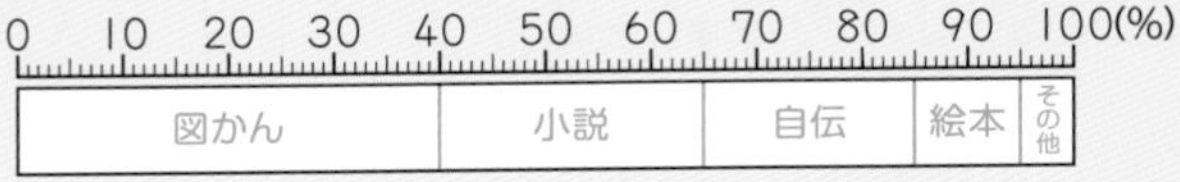


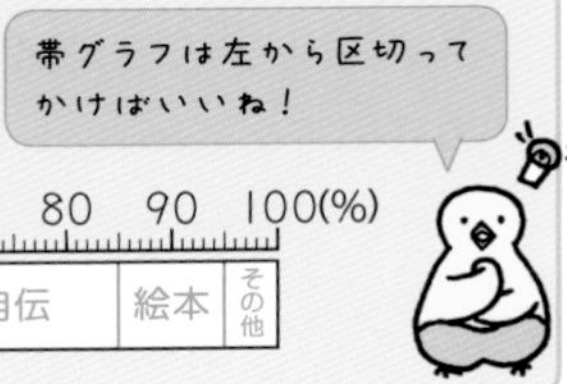

算数コラム

# ～作図不能問題～

今からおよそ2000年前の古代ギリシャの数学者たちは，さまざまな平面図形や立体についての問題に取り組んでいました。その中でも次の作図問題は解決《かいけつ》の糸口が見つからず，頭をなやませていました。

| ある円と同じ面積をもつ正方形を作図しなさい。 |
|---|

円と同じ面積をもつ正方形を，定規《じょうぎ》とコンパスだけで作図しなさいという問題です。とてもシンプルな問題ですのでイメージもしやすく，パッとかん単にできそうに思えますよね。

しかし実際《じっさい》にやってみると，なかなかできません。というのも，この問題は出題されてから2000年以上も解決されなかったのです。

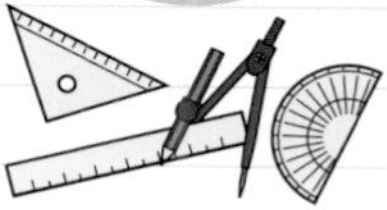

円周÷直径で求められる「円周率《えんしゅうりつ》」の性質《せいしつ》から，この作図問題は不可能《ふかのう》であるとドイツの数学者リンデマンによって証明《しょうめい》されました。1882年のことです。

当時のギリシャでは，この他にも「ある立方体の2倍の体積をもつ立方体を作図しなさい。」や「ある角の3等分線を作図しなさい。」といった作図問題が出題されていましたが，このいずれも作図することはできません。これらの問題はギリシャの3大作図不能問題とよばれています。

# 理科

# 01 天気の変化

**ココ大事!**

★晴れとくもりの天気は，空全体を10としたときの雲の量で決まる。

★日本の近くにある雲は，西から東へ動いていくので，天気も同じように西から東へと変わっていく。

## 深めるチェック 雲の量と天気

空全体を10としたときの雲の量で，晴れとくもりの天気が決まる。

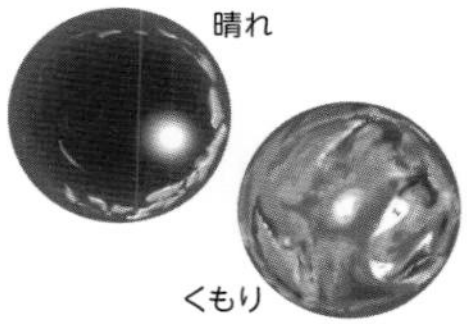


☑晴れ … 雲の量が空全体の0～8の時。

☑くもり … 雲の量が空全体の9～10の時。

## 深めるチェック 雲の動きと天気

雲の動きや天気の変化の様子は，**雲画《が》像《ぞう》**やアメダスの**雨量情報《じょうほう》**などから調べることができる。

☑アメダス … **全国各地の雨量**や**風向**，**風速**，**気温**などのデータを集め，自動的に集計するシステム。

☑**天気の変化** … 雲は西から東へ動き，天気も**西から東へ変化していく。**

●連続した3日間の雲画像

## 深めるチェック　天気の予想

昨日と今日の**雲画像**や**雨量情報**から，明日のおおよその天気が予想できる。今日は晴れていたとしても，西の方に雲があると，明日は雲が東へ動いてきてくもりや雨になることが予想される。

下の雲画像から３月20日午前９時の東京の天気を予想してみよう。

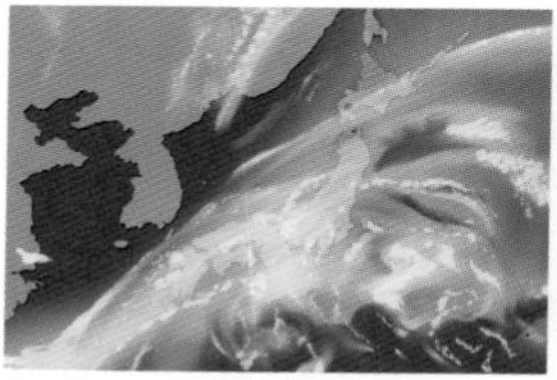

▲3月18日午前９時の雲画像

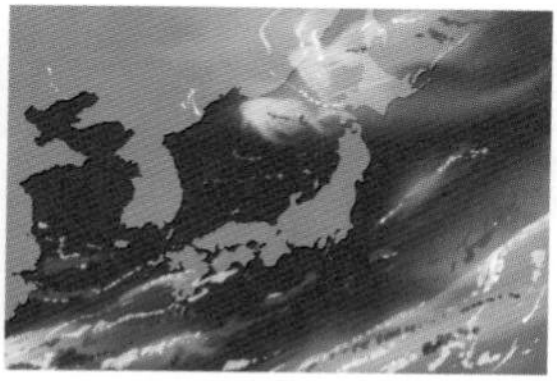

▲3月19日午前９時の雲画像

また，昔は雲などの様子を観察して，天気を予想していた。

☑**夕焼けが見えると晴れ** … 夕焼けは西の方に雲が少ないとき見られる。

☑**山に雲がかかると雨が近い** … 雲を作るしめった空気が近づいている。

### プラス　日本の夏と冬の天気の様子

日本の夏と冬の天気には，それぞれちがう特ちょうがある。

夏の天気の様子

冬の天気の様子

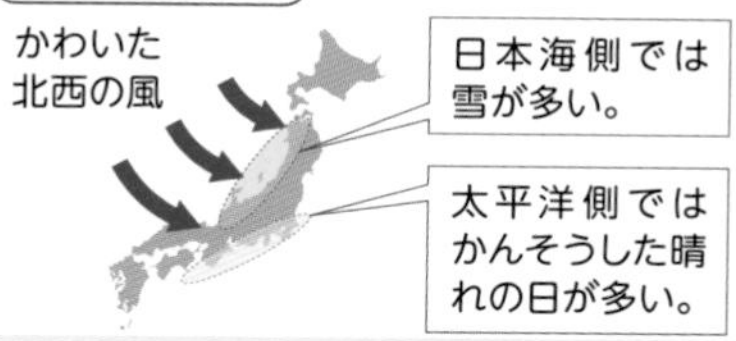


### 思考力アップ

**Q** 夕焼けが見えると明日は晴れると予想できる理由を説明しなさい。

**A** 夕焼けは西の空に見えるので，西の空には雲が少ないことがわかる。雲は，西から東へ動いていくので，西の方に雲が少ないということは，明日の天気は晴れになると予想できる。

# 02 台風と天気の変化

**ココ大事！**

★台風が日本に近づくと，北や東の方へ動きを変え，強い風がふいたり，大雨がふったりする。

★台風は，いろいろな災害《さいがい》をおこすこともあるが，水不足を解消《かいしょう》してくれるなど，よいこともある。

## 深めるチェック 台風の進路

台風は，夏から秋にかけて，日本に近づいたり，上陸したりする。

☑**発生後** … 台風は，日本の南の海上で発生し，初めは西の方へ動いていく。

☑**日本の近く** … 動く向きを北や東の方へ変える。

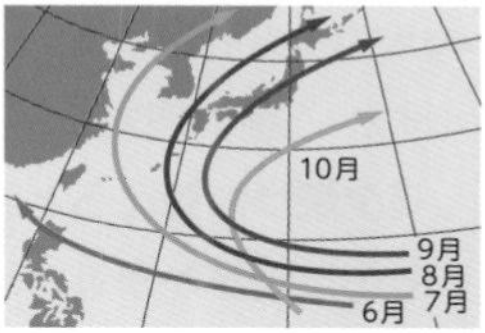

▲台風の月ごとの主な進路

## 深めるチェック 台風と天気の変化

台風が近づいてくると，天気の様子が大きく変わり，だんだんと風や雨が強くなる。台風の動きによって，風や雨の強い地いきも変わっていく。

☑**台風と天気の変化** … 台風が近づいた所では，だんだんと風が強くなったり，大雨になったりする。台風が通り過《す》ぎたあとしばらくすると，天気は晴れになることが多い。

●台風の動き

## 深めるチェック　台風のひ害とめぐみ

台風による強い風や大雨によって，さまざまな災害がおきたり，大きなひ害を受けたりすることがある。こうした**災害**から身を守るために，最新の台風情報《じょうほう》を知ることが必要である。一方で，台風による大量の雨がわたしたちの生活にめぐみをあたえてくれることもある。

▲大雨による土しゃくずれ

▲大雨によるこう水

▲強風でたおれた木

☑ **台風による災害** … **大雨**によって土しゃくずれやこう水などの災害や，強風によって家の屋根が飛ばされるなどのひ害を受けることがある。

☑ **台風によるめぐみ** … **大雨**によって水不足が解消されることもある。

### プラス　台風のしくみ

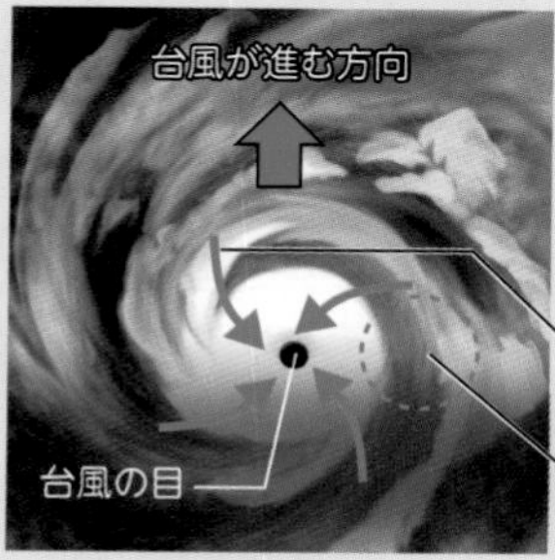


台風は，まわりの雲をまきこみながら大きなうずになっている。そのうずの中心を「台風の目」といい，雨はあまりふらず，風も弱い。

中心に向かって，時計のはりと反対向きに強い風がふいている。

台風が進む方向の右側は，ふきこむ風と進む方向が同じなので，特に風が強くなる。

### 思考力アップ

**Q** 台風が発生してから日本に近づくまでの動きや天気を説明しなさい。

**A** 台風は，日本の南の海上で発生し，初めは西の方へ動き，やがて，動く向きを北や東に変えて，日本に近づいたり上陸したりする。台風が近づくと，強い風がふいたり，大雨がふったりする。

# 03 地面を流れる水

**ココ大事!**

★流れる水には，しん食《しょく》，運《うん》ぱん，たい積《せき》という３つのはたらきがある。

★水の量が増《ふ》えると，流れる水のはたらきが大きくなり，土地の様子が大きく変化することがある。

## 深めるチェック 流れる水のはたらき

流れる水には，どのようなはたらきがあるのかを調べよう。

**実験** すなを混《ま》ぜた土を箱に入れて，土のしゃ面をつくり，水を流す。

**結果** 水には，土地を変化させる，しん食，運ぱん，たい積のはたらきがある。

**まとめ**
- ☑**しん食**… 地面をけずるはたらき。
- ☑**運ぱん**… 土や石を運ぶはたらき。
- ☑**たい積**… 土や石を積もらせるはたらき。

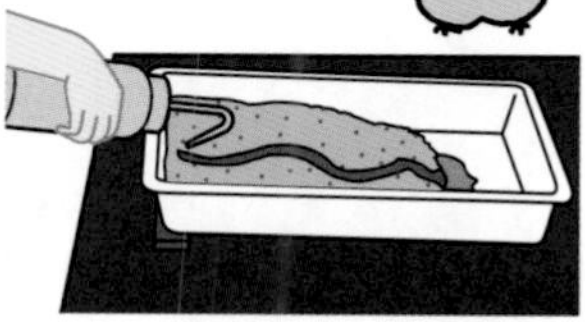

## 深めるチェック 水の量と流れる水のはたらき

水の量が少ないときと多いときで，水のはたらきがちがうのか調べよう。

**実験** すなを混ぜた土を入れた箱に，水の量を変えて流してみる。

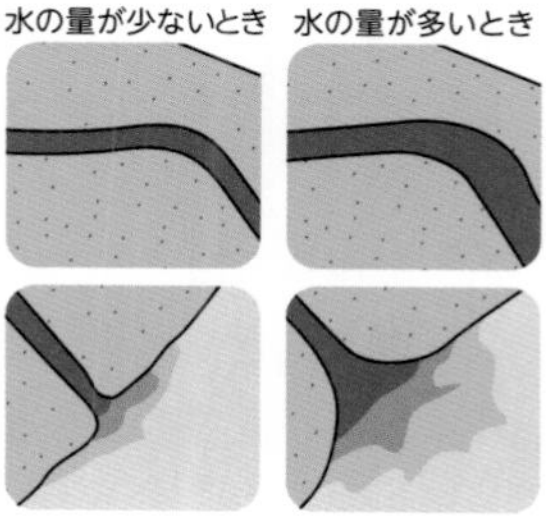


**結果** 水の量が多いときの方が，水の流れが速く，けずられて運ばれる土の量が多い。

**まとめ** 水の量が多いほど，しん食や運ぱんのはたらきが大きくなる。

## 深めるチェック 川が曲がった所の様子

川が曲がった所では，曲がった所の外側と内側で，水の速さや土の様子にちがいが見られる。外側は，水の流れが速く，土がけずられている。内側は，水の流れがおそく，土が積もっている。

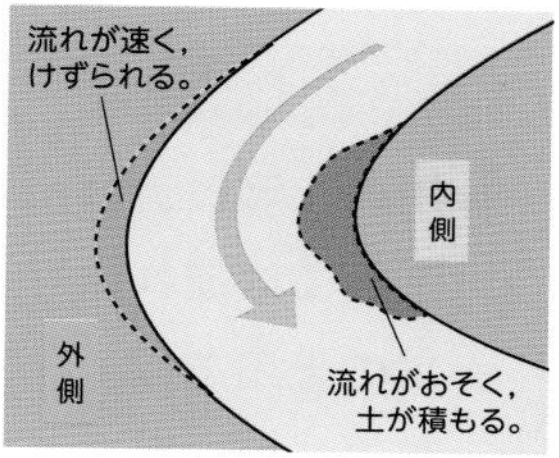


☑**曲がった所の外側** … 水の流れが速く，しん食のはたらきが大きい。

☑**曲がった所の内側** … 水の流れがおそく，たい積のはたらきが大きい。

### ＋プラス＋ 川の様子と流れの速さ

川の形によって，流れが速い所や深い所がちがう。

**① まっすぐな所**

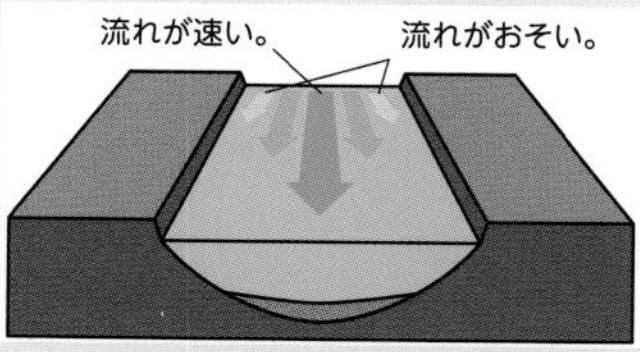


中央は流れが速く，しん食のはたらきが大きいので，深くなっている。

**② 曲がっている所**

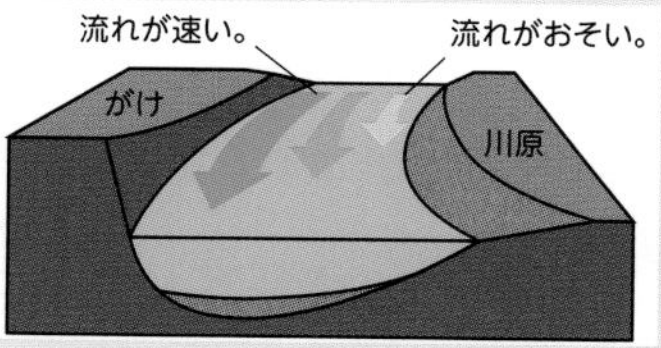


外側はがけで深くなり，内側は川原《かわら》で浅くなっている。

### 思考力アップ

**Q** 水の量と流れる水の３つのはたらきにはどのような関係があるか。

**A** 水の量が多いときは，流れが速くなり，しん食や運ぱんのはたらきが大きくなる。一方，水の量が少ないときは，流れがおそくなり，土や石をたい積させるはたらきが大きくなる。

# 04 川の水のはたらき

**ココ大事!**

★**川の上流は流れが速く，川はばがせまい。**
**下流では流れはおそく，川はばが広い。**

★**川の上流では，角ばった大きな石が多く見られる。**
**下流では，丸みのある小さな石が多く見られる。**

## 深めるチェック 川の上流と下流の様子

川の上流と下流では，流れの速さや川はばにちがいが見られる。

- ☑**川の上流** … 土地のかたむきが大きいので流れが速く，しん食《しょく》・運《うん》ぱんのはたらきが大きい。
- ☑**川の下流** … 土地のかたむきが小さいので流れがおそく，たい積《せき》のはたらきが大きい。

川の上流の様子

流れが速く，川はばはせまい。

川の下流の様子

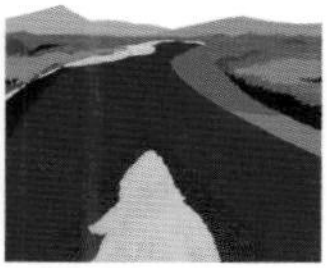

流れがおそく，川はばは広い。

## 深めるチェック 流れの速さと運ぱんのはたらき

水の流れの速さと運ぱんの関係を調べよう。

**実験** 板の上に小石とすな，どろをのせて，川の流れが速い所とおそい所にしずめる。

**結果** **流れの速い所** … どろはほとんど流され，すなや小石も流される。

**流れのおそい所** … どろやすなは少し流され，小石はほとんど流されない。

**まとめ** 流れが速いほど，運ぱんのはたらきが大きい。

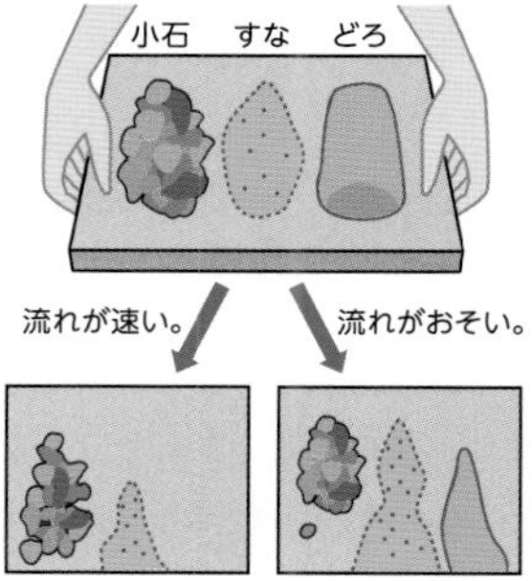


どろはほとんど流されている。

どろやすなが少し流されている。

## 深めるチェック 川で見られる石

川の上流は流れが速いので，小さな石は流され，大きな石が残る。

上流から流された石は，ぶつかったり，けずられたりしながら下流へ運ばれていく。

- ☑**上流で見られる石**…角ばった大きな石が多く見られる。
- ☑**下流で見られる石**…丸みのある小さな石が多く見られる。

川の上流の石

川の下流の石

### プラス 流れる水のはたらきでできた地形

川の上流では，川の水が土地をしん食してできた，Ｖの字のような形をした深い谷が見られる。この地形を**V《ブイ》字《じ》谷《こく》**という。

川の中流付近では，川の水が運ぱんしてきた土や石がおうぎ形にたい積してできた土地が見られる。この地形を**扇《せん》状《じょう》地《ち》**という。

### 思考力アップ

**Q** 下流の石に，小さくて丸みのあるものが多い理由を説明しなさい。

**A** 上流から下流へ運ばれていく間に，石どうしがぶつかりあうなど，川の水のはたらきによってだんだんと角がけずられ，丸みのある小さな石になるから。

# 05 わたしたちのくらしと災害

**ココ大事!**

★川の水の量が増《ふ》えると，流れる水のはたらきが大きくなり，災害《さいがい》をおこすことがある。

★流れる水のはたらきでおこる災害を防《ふせ》ぐために，いろいろなくふうがされている。

## 深めるチェック 川の流れと災害

大雨などで川の水の量が増えると，流れが速くなり，しん食《しょく》や運《うん》ぱんのはたらきが大きくなる。すると，川の水がてい防《ぼう》をこえたり，こわしたりして流れ出し，**こう水**などの災害をおこすことがある。

川の水が増えておこる災害の様子を確《かく》にんしてみよう。

▲川の水でこわされたてい防

▲川の水でこわされた橋

▲川の水がはんらんして流れ出た道路

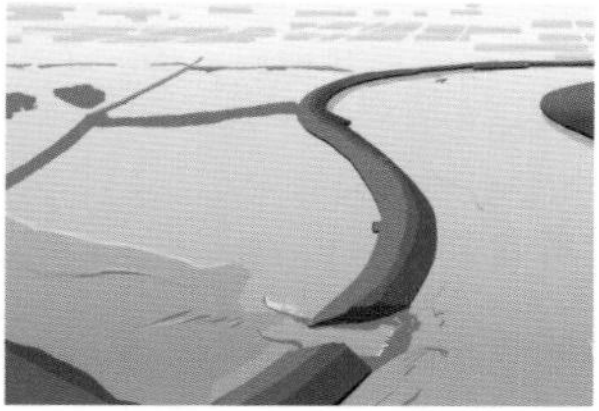
▲川の水がはんらんして流れ出た農地

☑こう水…川の水が大きく増え，**てい防**をこえたり，こわしたりして水が流れ出し，道路や家が水につかってしまうなどのひ害が出る。

## 深めるチェック　災害を防ぐくふう

流れる水によって起こる災害を防ぐために，**てい防**や**ダム**をつくったり，コンクリートやブロックで川を**護岸《ごがん》**したりするなど，いろいろなくふうがされている。

☑**さ防ダム**… 山地から流れ出す土や石をためて，土しゃ災害を防ぐためのダムで，コンクリートで階だん状につくられているものが多い。

☑**護岸**… 川岸をコンクリートで固めててい防をつくり，川岸が水のしん食でけずられるのを防いでいる。

また，川岸に置かれるブロックは**消波《しょうは》ブロック**ともよばれ，水の流れる勢《いきお》いを弱めて，しん食を防いでいる。

### プラス　こう水ハザードマップ

こう水**ハザードマップ**には，**こう水が起きそうな場所**や，**ひなん場所**などの情《じょう》報《ほう》が書かれている。ふだんから，ハザードマップを確にんして災害にそなえておくことも大切である。

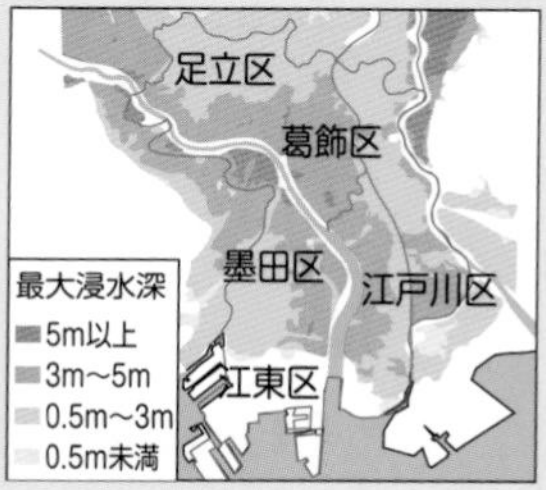


### 思考力アップ

**Q** 大雨がふると，こう水などの災害がおこるのはどうしてか。

**A** 大雨がふると，川の水の量が急に増えて**流れ**が**速く**なる。すると，**しん食**や**運ぱん**のはたらきがより大きくなって，川の水が**てい防**をこえたり，こわしたりするため大量の水が流れ出して**こう水**などがおこる。

# 06 種子が発芽する条件

**ココ大事!**

★**種子が芽を出すことを発芽《はつが》という。**

★**発芽には水・空気・適した温度の３つの条件《じょうけん》が必要である。**

## 深めるチェック 種子の発芽と水

種子が芽を出すことを発芽という。

種子の発芽には，水が必要かどうかを確《たし》かめてみよう。

**実験** だっし綿《めん》の上に種子をまき，一方に水をあたえ，もう一方には水をあたえない。空気と温度の条件は同じにする。

**結果** 水をあたえた方だけが発芽した。

**まとめ** 種子が発芽するためには，水が必要である。

## 深めるチェック 種子の発芽と空気

種子の発芽には，空気が必要かどうかを確かめてみよう。

**実験** だっし綿の上に種子をまき，一方は水と空気にふれさせ，もう一方は，空気にふれないように水にしずめる。温度の条件は同じにする。

**結果** 空気とふれている方だけが発芽した。

**まとめ** 種子が発芽するためには，空気が必要である。

## 深めるチェック 種子の発芽と適した温度

種子の発芽には，適した温度が必要かどうかを確かめてみよう。

**実験** 水でしめらせただっし綿の上に種子をまき，一方は箱をかぶせて部《へ》屋《や》(20℃くらい)の中に置いて，もう一方は，冷ぞう庫(５℃くらい)の中に入れる。

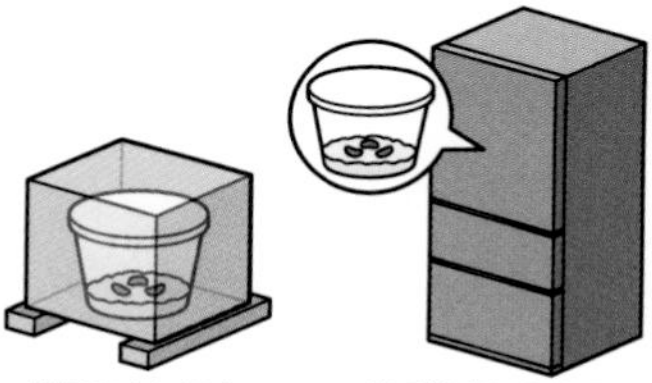

部屋の中に置く。　冷ぞう庫に入れる。

一方に箱をかぶせたのは，両方の明るさの条件を同じにするためである。
また，水と空気の条件は同じにする。

**結果** 部屋の中に置いた方だけが発芽した。

**まとめ** 種子が発芽するためには，適《てき》した温度が必要である。

### プラス 種子の発芽と光・肥料

種子の**発芽**に，**光**や**肥《ひ》料《りょう》**が必要か，確かめてみよう。

これらの実験から，種子の**発芽**に光や肥料は必要ないことがわかる。

### 思考力アップ

**Q** 発芽には水が必要かどうかを調べる実験をするとき，変える条件と，変えない条件を，次の中からそれぞれ選びなさい。

㋐ 水　㋑ 空気　㋒ 温度

**A** 変える条件 … ㋐　変えない条件 … ㋑・㋒

# 07 種子の発芽と養分

**ココ大事!**

★種子には，根・くき・葉になる所と養分をたくわえている所がある。

★発芽には，種子の中にあるでんぷんが使われる。

## 深めるチェック インゲンマメの種子のつくり

☑**種子のつくり** … インゲンマメの種子を２つに切って観察すると，**根・くき・葉になる所**と子葉《しよう》がある。

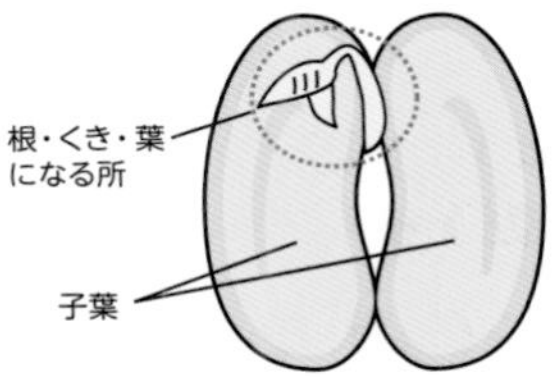


## 深めるチェック インゲンマメの種子と養分

種子を２つに切って，切り口にヨウ素《そ》液《えき》をつけて色の変化を観察する。

☑**ヨウ素液** … でんぷんがふくまれているか調べるときに使う。でんぷんがあると，青むらさき色に変わる。

☑**種子の中の養分** … 種子の中の子葉には，**でんぷん**という養分があることがわかる。

## 深めるチェック　インゲンマメの発芽後の子葉と養分

発芽したあとのしぼんだ子葉を２つに切って，切り口にヨウ素液をつけて色の変化を観察する。

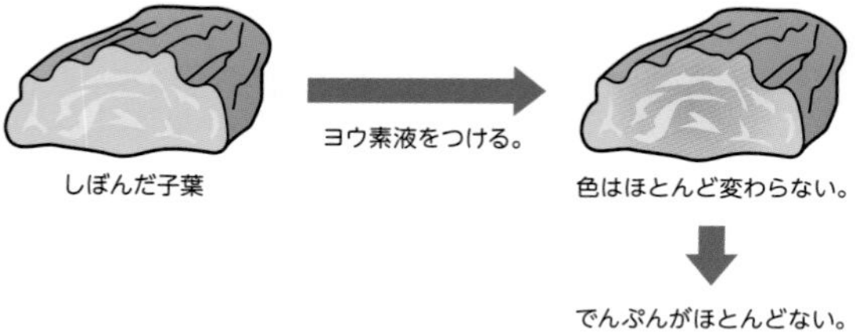

☑種子の中にあった**でんぷん**が，発芽のために使われてなくなった。

### プラス　種子の中にあるでんぷん以外の養分

種子には，**でんぷん**の他にもいろいろな**養分**をふくむものがある。

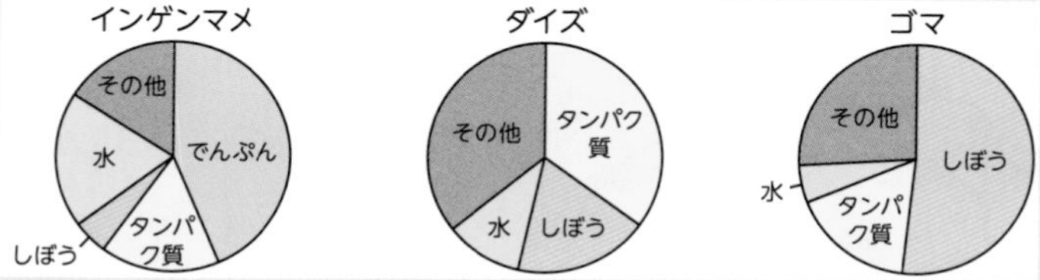


インゲンマメには**でんぷん**が多くふくまれている。また，ダイズには**タンパク質《しつ》**が多く，ゴマには**しぼう**が多くふくまれている。

### 思考力アップ

Q　発芽してしばらくたった種子には，でんぷんがなくなっている。その理由を説明しなさい。

A　種子の中にあったでんぷんが，発芽するために必要な養分として使われるから。

# 08 植物が成長する条件

**ココ大事!**

★植物の成長には，発芽のときと同じ条件《じょうけん》に加えて日光に当てたり，肥料《ひりょう》をあたえたりすることが必要である。

## 深めるチェック　植物の成長と日光

植物の成長には，発芽のときと同じように水，空気，適《てき》した温度という3つの条件が必要である。

さらに，植物がよく成長するために日光が必要かどうかを調べてみよう。

**実験** 同じくらいに育ったインゲンマメを２つ用意し，一方には日光を当て，もう一方には箱をかぶせて日光に当てないようにする。肥料と水は同じようにあたえて１週間ほど観察する。

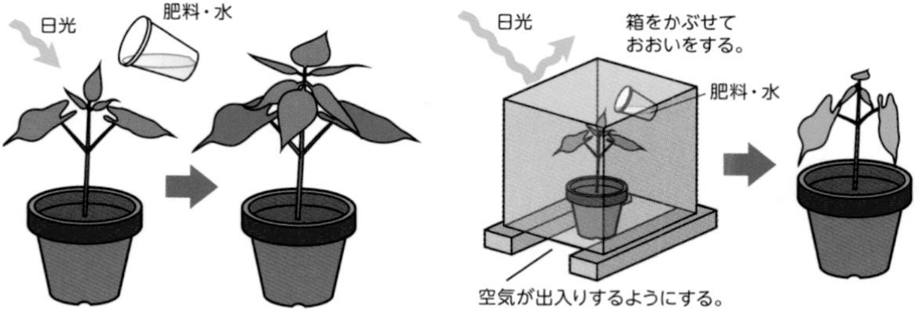


**結果** 日光を当てた方はよく成長し，当てなかった方はあまり成長しなかった。

**まとめ** 植物を日光に当てると，よく成長する。

日光を当てなかったインゲンマメに日光を当てると，再《ふたた》び育つ。

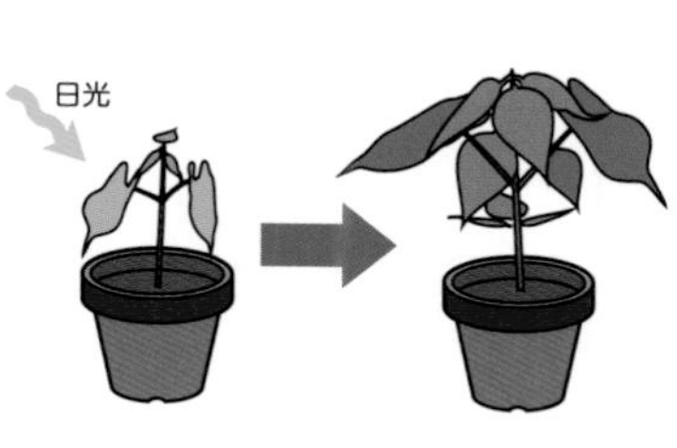

## 深めるチェック 植物の成長と肥料

植物の成長には，肥料が必要かどうかを調べてみよう。

**実験** 同じくらいに育ったインゲンマメを２つ用意して，日当たりのよい場所に置き，一方には水と肥料をあたえ，もう一方には水だけをあたえて２週間ほど観察する。

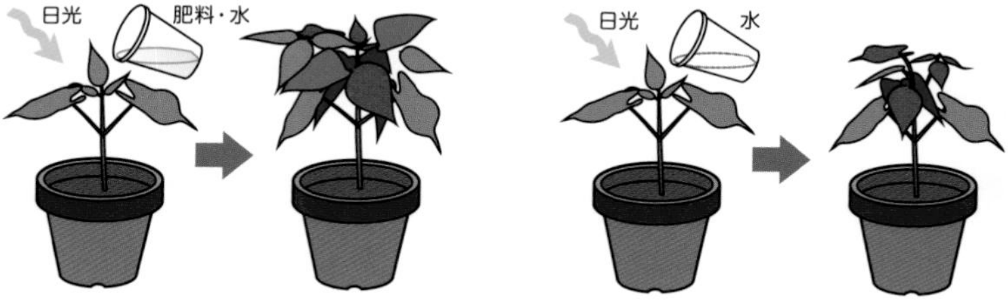


**結果** 肥料をあたえた方がよく成長した。

**まとめ** 植物に肥料をあたえると，よく成長する。

### プラス 日光や肥料による植物の成長のちがい

日光と肥料による植物の成長のしかたには，大きなちがいが見られ，植物の成長には，**日光**と**肥料**が必要なことがわかる。

| | 日光を当てる | 日光を当てない |
|---|---|---|
| 葉 | 大きくてこい緑色<br>数が多い | 小さくて黄色っぽい |
| くき | 太い | 細い |

| | 肥料をあたえる | 肥料をあたえない |
|---|---|---|
| 葉 | 大きくてこい緑色<br>数が多い | 小さくてこい緑色<br>数が少ない |
| くき | こい緑色で太い | こい緑色であまりのびない |

### 思考力アップ

**Q** インゲンマメを種子から育てるときに，よく成長させるには，どのようにして育てればよいか。

**A** 発芽するまでは，水と空気，適した温度で育てる。発芽したあとは，さらに，日光に当て，肥料をあたえるとよい。

# 09 メダカのおすとめす

**ココ大事!**

★日光が直接《ちょくせつ》当たらない，明るい所に置いた水そうに，メダカのめすとおすを入れて飼《か》う。

★めすのうんだたまごと，おすが出した精子《せいし》が結びつくことを受精《じゅせい》という。

## 深めるチェック　メダカの飼い方

メダカのおすとめすを飼って，たまごをうませてみよう。

**【メダカの飼い方】**

① 水そうを**日光が直接当たらない，**明るい所に置く。

② **よくあらった小石やすな**を底にしいて，水草を入れる。

③ くみ置きの水とメダカのおすとめすを入れる。**→10ぴきくらいずつ。**

④ えさを1日に２～３回ほどあたえる。

⑤ 水がよごれたら，**半分ほど**くみ置きの水と入れかえる。

☑**水草**… めすがたまごをうみつけやすいようにするために入れる。

☑**くみ置きの水**… 水道の水には，消毒薬《しょうどくやく》が入っているため，あらかじめくんでおき，２～３日たってからメダカを入れる。

☑**水温**… メダカは，水温が25℃くらいで，たまごをよくうむようになる。

## 深めるチェック　メダカのおすとめすのちがい

めすがたまごをうむときに，おすはせびれとしりびれでめすを包み，体をすりよせてたまごに精子《せいし》をかける。そのため，**おすとめすは，せびれとしりびれの形にちがいがある。**また，めすははらがふくらんでいる。

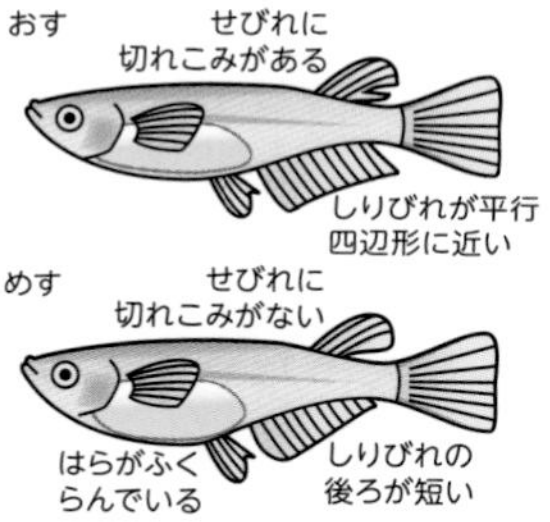

- ☑**せびれ** … おすには**切れこみが**あり，めすには**切れこみが**ない。
- ☑**しりびれ** … おすは平行四辺形に近く，めすは**後ろが**短くなっている。

## 深めるチェック　メダカがたまごをうむ様子

水温が25℃くらいになると，メダカはたまごをうむようになる。

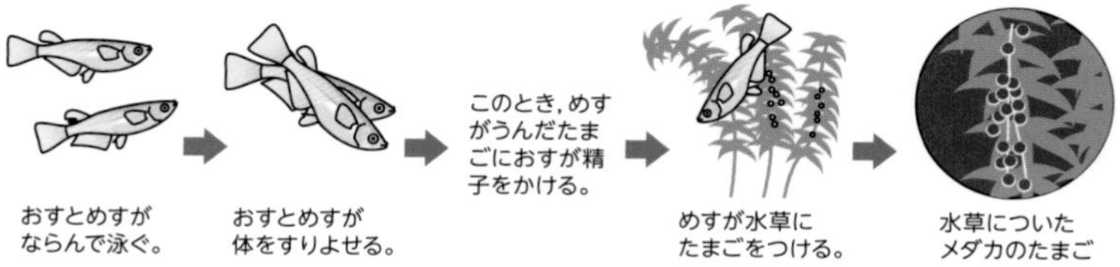


- ☑受精 … めすがうんだ**たまご**と，おすの**精子**が結びつくこと。
- ☑受精卵《じゅせいらん》 … 受精したたまごのこと。

### 思考力アップ

**Q** メダカのおすとめすを見わけるためには，どのような所を見ればよいか。

**A** おすのせびれには切れこみがあるが，めすにはない。また，おすのしりびれは平行四辺形に近いが，めすは後ろが短くなっている。

# 10 メダカのたんじょう

**ココ大事！**

★メダカは受精卵《じゅせいらん》の中でだんだんと変化して，およそ11日くらいで子メダカがかえる。

★たまごからかえった子メダカは，しばらくは，はらのふくらみにたくわえた養分を使って育つ。

## 深めるチェック たまごの成長

受精したメダカのたまごは，中の様子がだんだんと変化して，メダカの体ができていく。そして，およそ11日くらいで子メダカがたまごからでてくる。

たまごの中の変化を**かいぼうけんび鏡**で観察してみよう。

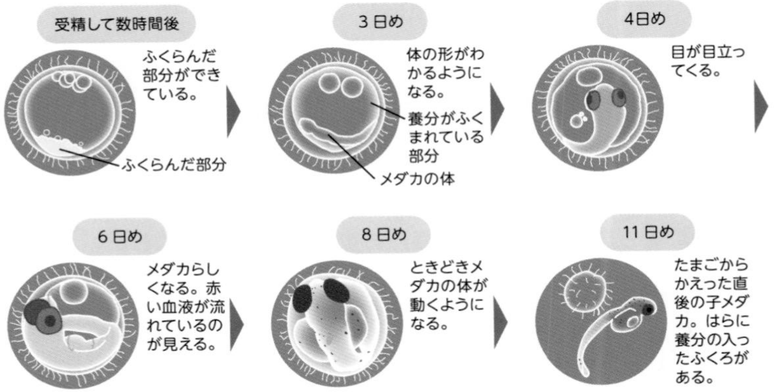


たまごの中のメダカは，たまごの中にふくまれる養分を使って成長する。

☑**たまごの変化**…たまごの中の養分を使って，少しずつメダカの体ができていく。

## 深めるチェック　子メダカの様子

たまごからかえったばかりの子メダカは，しばらくじっとしていて，**はらのふくらみ**にたくわえられている**養分**を使って育つ。そして，はらのふくらみがなくなると，自分でえさをとるようになる。

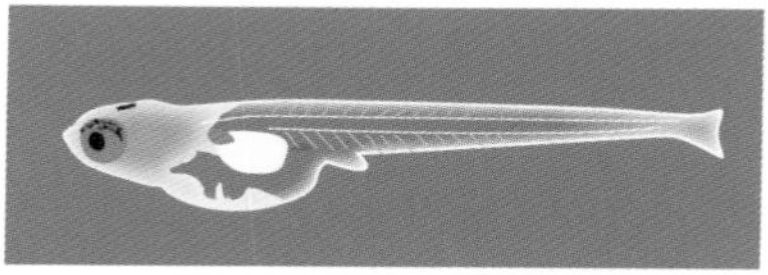

☑**メダカの育ち方** … はらのふくらみには養分がたくわえられている。うまれて２～３日間はその養分を使って育つ。

### プラス　かいぼうけんび鏡の使い方

① **日光が直接《ちょくせつ》当たらないところに置く。**
② レンズをのぞきながら，明るく見えるように反しゃ鏡を動かす。
③ ステージの中央に観察するものを置いて，横から見ながら調節ねじを回してレンズとステージとの間を近づける。
④ レンズをのぞきながら調節ねじを回して，レンズをステージから遠ざけ，はっきり見える所で止める。

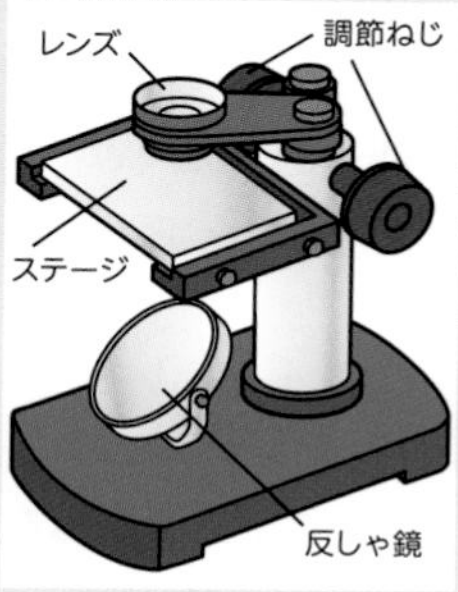


### 思考力アップ

**Q** かえったばかりの子メダカが，２～３日間はじっとしていて動かない理由を説明しなさい。

**A** 生まれて２～３日間は，**はらのふくらみの中**にある養分を使って育つため，自分でえさをとる必要がないから。

# 11 花のつくり

**ココ大事!**

★**アサガオの花は，１つの花が，がく，花びら，おしべ，めしべからできている。**

★**ヘチマの花は２種類あり，おしべとめしべがそれぞれ別の花についている。**

## 深めるチェック アサガオの花のつくり

アサガオの花は，外側からがく，花びら，おしべ，めしべがある。

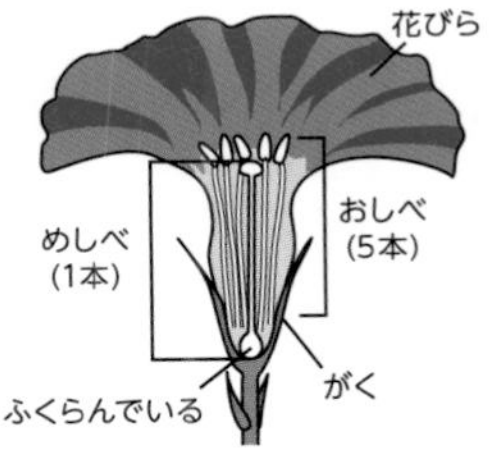


☑**花びら** … つつのように合わさっている。

☑**おしべ** … めしべのまわりに５本ある。

☑**めしべ** … 中央に１本ある。もとの方は，小さくふくらんでいて，いずれ実になる。

## 深めるチェック ヘチマの花のつくり

ヘチマの花は，**おばな**と**めばな**があり，おばなには**おしべ**，めばなには**めしべ**がついている。

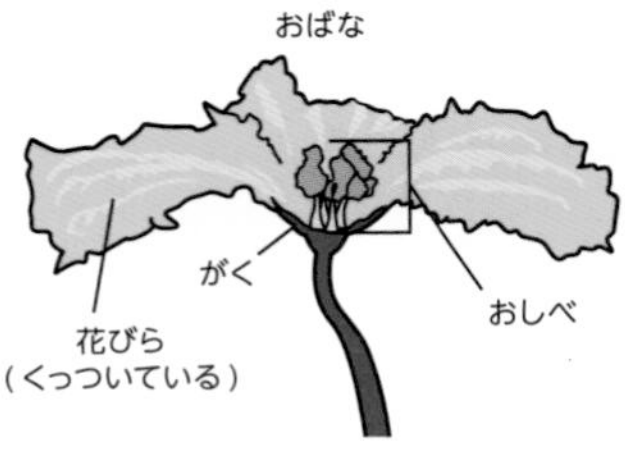


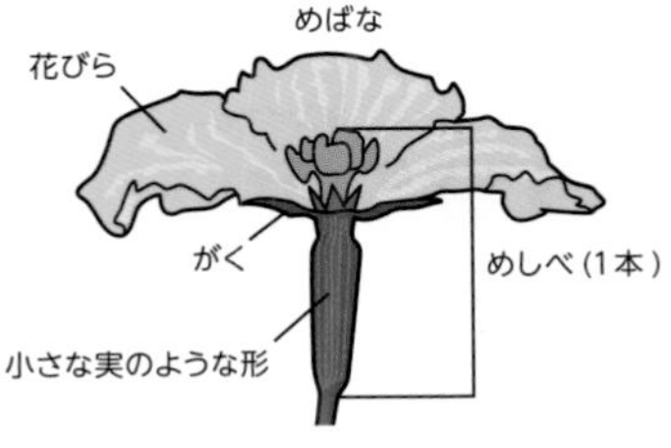


☑**おばな** … がく，花びら，**おしべ**がある。

☑**めばな** … がく，花びら，**めしべ**が**１本**ある。

## 深めるチェック おしべとめしべの先の様子

アサガオとヘチマのおしべの先には粉のようなものがたくさんある。この粉のようなものを**花粉**《かふん》という。また，めしべの先にも花粉がついている様子が観察できる。

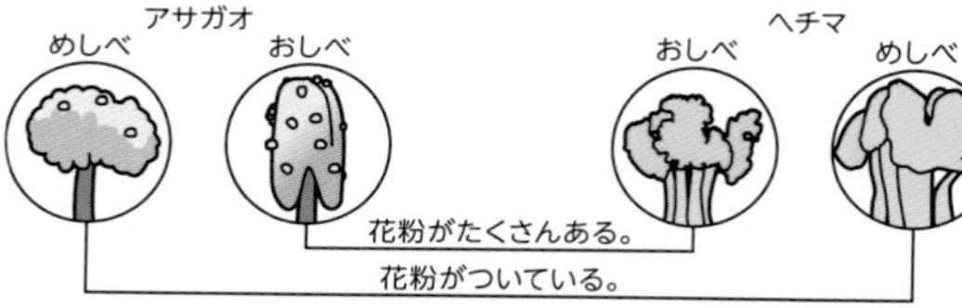

☑**おしべの先** … 花粉はおしべでつくられ，たくさん見られる。

☑**めしべの先** … さわるとべとべとしていて，**花粉**がついている。

### ＋プラス＋ いろいろな植物の花粉

植物の種類によって花粉の形や大きさはちがっている。

- **アサガオ**や**カボチャ** … **丸くて**，まわりに**とげ**がある。
- **ヘチマ** … **細長い形**をしている。
- **マツ** … **空気**の入ったふくろがついている。

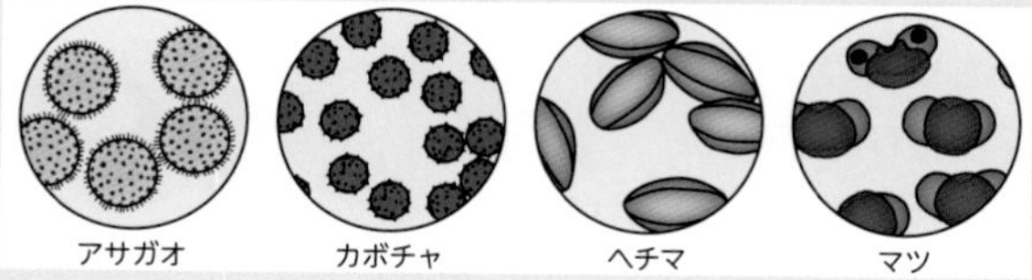

### 思考力アップ

**Q** アサガオとヘチマの花のつくりのちがいについて説明しなさい。

**A** アサガオは，１つの花に外側から**がく**，**花びら**，**おしべ**，**めしべ**があるが，ヘチマは，**おばな**と**めばな**の２種類の花があって，**おばな**には，外側から**がく**，**花びら**，**おしべ**があり，**めばな**には，外側から**がく**，**花びら**，**めしべ**がある。

# 12 花粉のはたらき

**ココ大事!**

★めしべの先に花粉《かふん》がつくことを，受粉《じゅふん》という。

★めしべのもとの部分が実になるためには，受粉することが必要である。

★受粉してできた実の中に種子ができる。

## 深めるチェック アサガオの花粉のはたらき

アサガオの実ができるためには，**受粉**が必要かどうかを調べよう。

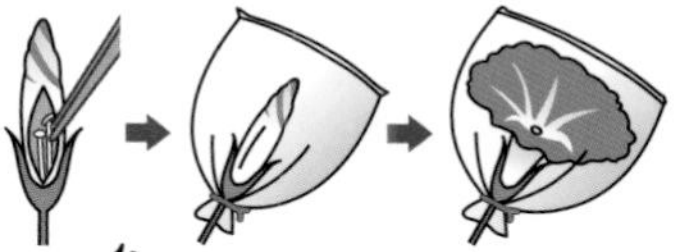

**実験1** ① 花がさく前のつぼみから，おしべを全部取りのぞく。

② ふくろをかぶせて，花がさいたあともそのままにしておく。

**結果1** 実ができずにかれてしまった。

**まとめ1** 受粉しないと，実ができない。

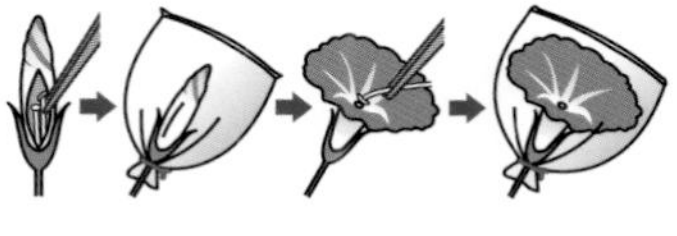

**実験2** ① 花がさく前のつぼみから，おしべを全部取りのぞく。

② ふくろをかぶせて，花がさいたら，ふくろをはずしてめしべに花粉をつける。

③ もう一度ふくろをかぶせる。

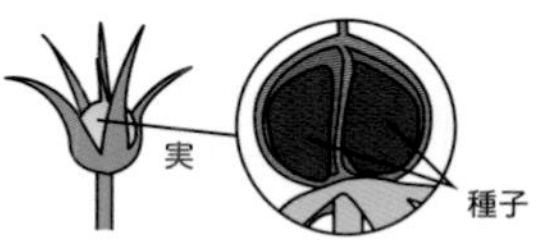


**結果2** 実ができて，実の中に種子があった。

**まとめ2** 受粉させると，実ができた。

☑**アサガオの実** … 実ができるためには，受粉させることが必要である。

☑**アサガオの種子** … 受粉してできた実の中に種子ができている。

## 深めるチェック　ヘチマの花粉のはたらき

ヘチマの実ができるためには，**受粉**が必要かどうかを調べよう。

**実験** ① 花がさく前の２つのめばなにふくろをかぶせる。

② １つはそのままにしておき，もう１つは花がさいたあと，おばなの花粉をつける。

**結果** 受粉させなかった方は実ができなかった。受粉させためばなには，実ができて，実の中に種子があった。

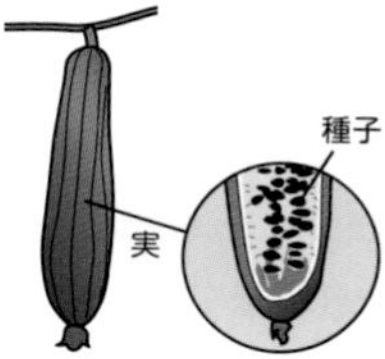


**まとめ** ヘチマもアサガオと同じように，**実**ができるためには，**受粉**することが必要である。

### ＋プラス＋　いろいろな植物の花粉の運ばれ方

植物の種類によって，花粉を運んでくれるものがちがう。

・アブラナ，ヘチマ … **こん虫**
・トウモロコシ，マツ … **風**
・ツバキ，サザンカ … **鳥**

### 思考力アップ

**Q** ヘチマの花粉のはたらきを調べる実験で，花がさく前のめばなにふくろをかぶせた理由を説明しなさい。

**A** 受粉させないため。

# 13 人の受精と受精卵

**ココ大事!**

★女性《じょせい》の体内で卵《らん》(卵子《らんし》)，男性《だんせい》の体内で精子《せいし》がつくられる。

★卵と精子が結びつくことを受精《じゅせい》といい，受精した卵は受精卵《じゅせいらん》となって成長を始める。

## 深めるチェック 人の精子と卵(卵子)

人は，成長すると，女性の体内では卵(卵子)がつくられ，男性の体内では精子がつくられるようになる。

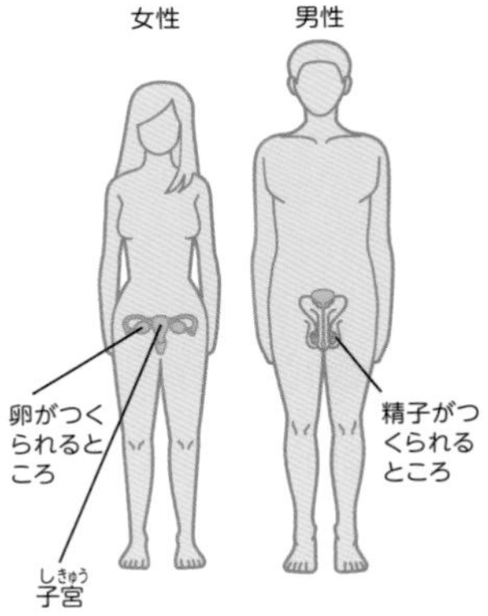


**【卵と精子の形】**

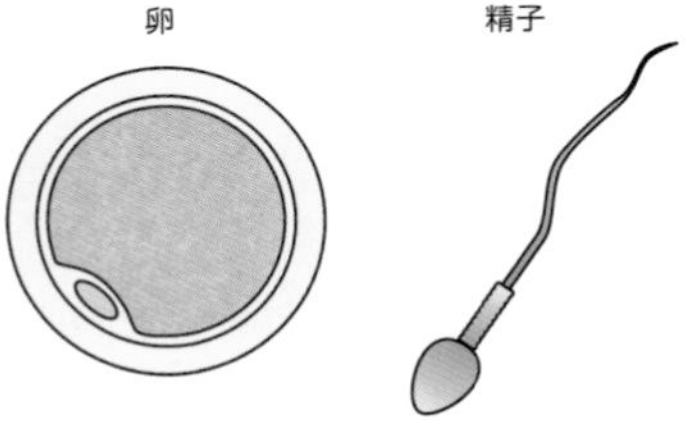


**【卵と精子の大きさ】**

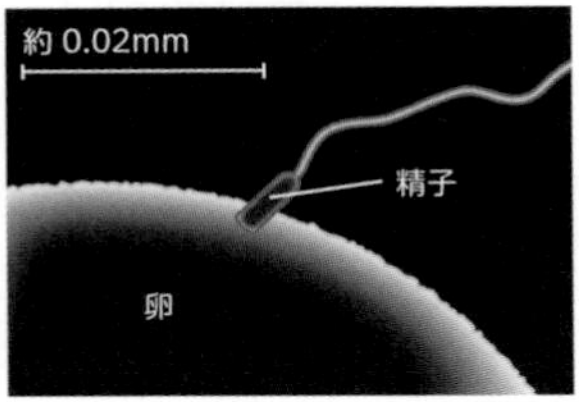


実際の大きさは，卵が約0.1mm，精子は約0.05～0.06mmくらいである。

☑**卵(卵子)** … 女性の体内で，1か月に1個《こ》つくられる。

☑**精子** … 男性の体内で，たくさんつくられる。

## 深めるチェック 受精と受精卵

女性の体内でつくられた卵と，男性の体内でつくられた精子が結びつくことを受精という。受精した卵を受精卵という。

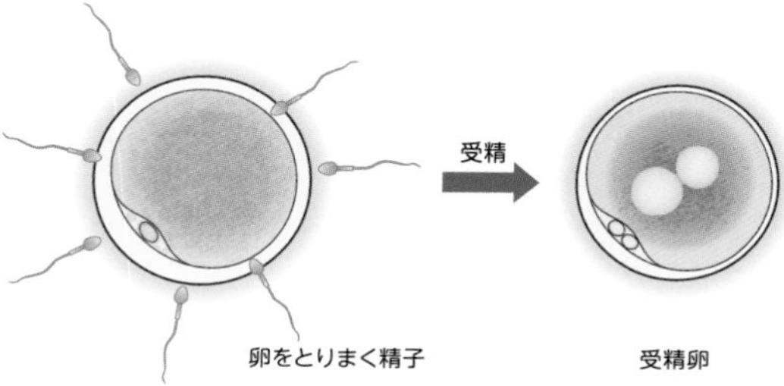

卵をとりまく精子　　受精卵

☑**受精** … 卵と結びつく精子は，たくさんある中の１個だけである。

☑**受精卵** … 女性の体内にある子宮の中で子どもに成長してからうまれてくる。

### プラス 卵と精子が受精するまでの様子

① 卵がつくられたところから出て，移動《いどう》する。

② 精子が女性の体内に入る。

③ 移動してきた**卵**と**精子**が出会う。

④ **受精**がおこる。

⑤ 受精卵が子宮の中まで移動する。

⑥ 受精卵が子宮の中で成長していく。

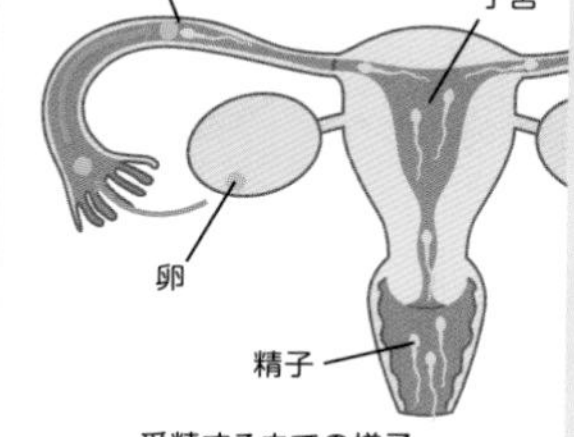

受精するまでの様子

### 思考力アップ

**Q** 人の子どもに成長していく受精卵ができるまでの流れを，「精子」，「卵」，「受精」という言葉を使って説明しなさい。

**A** 男性の体内で精子，女性の体内で卵がつくられる。そして，精子が女性の体内に入り，卵と精子が受精することによって受精卵ができる。

# 14 人のたんじょう

**ココ大事!**

★受精卵《じゅせいらん》は子宮《しきゅう》の中で成長し，およそ38週で，母親からうまれる。

★子宮の中の子どもは，たいばんとへそのおを通して，養分などを取り入れながら成長する。

## 深めるチェック 受精卵の成長

人の受精卵は，母親の子宮の中で，だんだんと人のすがたに育っていく。外で生活できるくらい大きくなったら，たんじょうする。

子宮の中での子どもの育ち方

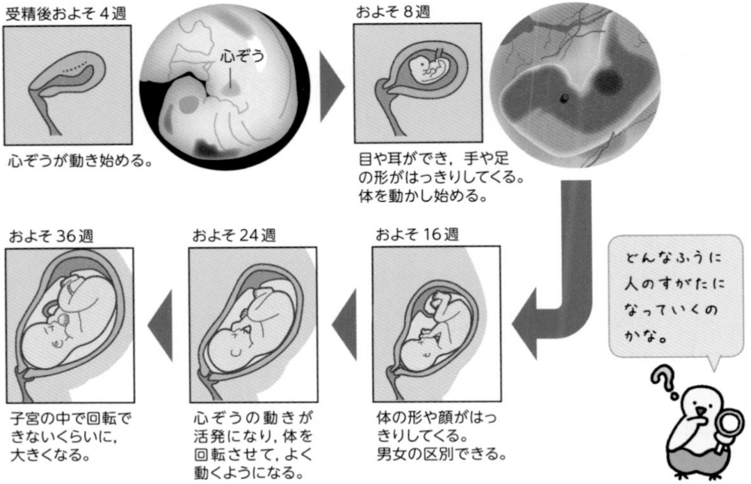


☑**人のたんじょう** … 受精卵が，子宮の中でおよそ38週の間育ってから，たんじょうする。

☑**体重と身長** … うまれた子の体重は約3000 g，身長は約50cm である。

## 深めるチェック　子宮の中の様子

子宮の中の子どもは，母親のたいばんからへそのおを通して，成長するのに必要な養分などを受け取る。

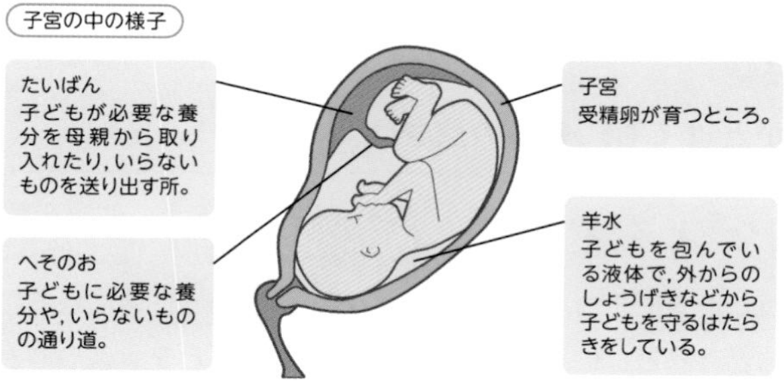

子宮の中の子どもは，母親とへそのおでつながっているため，何も食べなくても成長できる。また，うまれてきた子どもは，しばらくの間は，母親の乳《ちち》をのんで育つ。

- ☑ **たいばん** … 子宮のかべにあり，母親から運ばれてきた養分と子どもから運ばれてきたいらないものを交かんするはたらきをしている。
- ☑ **へそのお** … たいばんとつながり，成長に必要な養分を取り入れたり，いらないものを母親の方へ送り返すための通り道。
- ☑ **羊水** … 子どもはこの中にうかんだような状態《じょうたい》になっていて，手足を動かすことができる。

### 思考力アップ

**Q** 子宮の中の子どもは，何も食べないのに成長できる理由を説明しなさい。

**A** 子どもは，へそのおで母親とつながっており，母親から子宮のかべにあるたいばんに送られてきた養分を，へそのおを通して受け取っているから。

# 15 水よう液とその重さ

**ココ大事!**

★ものが水にとけた液《えき》のことを**水よう液**といい，**すき通った**液である。

★水にものがとけても，ものの重さは**変わらない**。

## 深めるチェック 水よう液

ものを水に入れたときに，つぶが見えなくなり，**すき通った**液になることを，ものが水に**とける**といい，ものが水にとけた液のことを**水よう液**という。とけたものは，液全体に，同じように広がっている。

① 食塩を水に入れる

② コーヒーシュガーを水に入れる

☑**水よう液**… ものが水にとけた液のこと。

☑**水よう液の特ちょう**

・とけたものは，水全体に広がっていてつぶは見えない。

・液は色がついていてもすき通っている。

## 深めるチェック 水よう液の重さ

水にとけた食塩がどうなったかを確《たし》かめるために，食塩をとかす前と，とかしたあとの全体の重さをはかって比《くら》べてみよう。

**実験** ① 食塩を薬包紙の上にのせ，食塩をとかす前の全体の重さをはかる。

② 食塩を水の中に入れてとかす。

③ 食塩を水にとかしたあとの全体の重さをはかる。

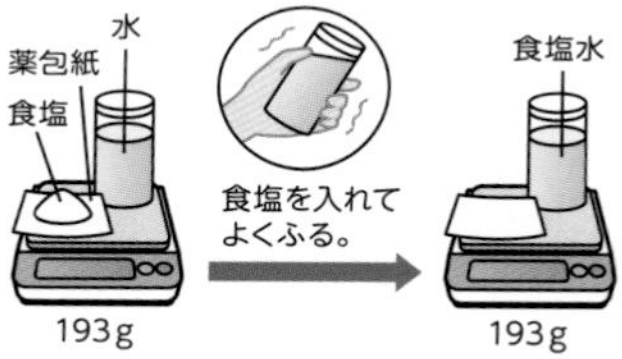


**結果** 食塩をとかす前と，とかしたあととで，全体の重さは変わらない。

**まとめ** 食塩は水にとけても，なくなってはいない。

☑**水よう液の重さ** … とかしたものと水の重さの和になる。

### ＋プラス＋ ものが水にとけるとは

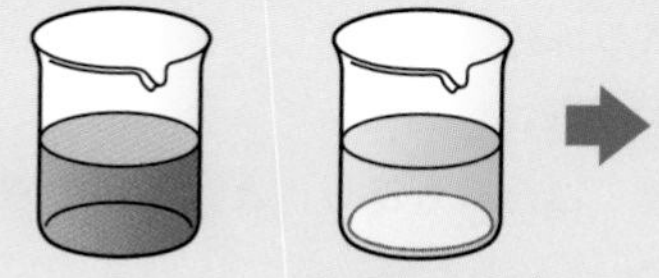


コーヒーシュガーを入れた液は水よう液で，そのまま長い時間置いていても，とけたものが水と分かれてしまうことはない。

かたくり粉を入れた液はかたくり粉がとけていないので，水よう液ではない。そのため，かたくり粉が底にしずむ。

### 思考力アップ

**Q** でんぷんの白い粉を水に入れて，全体が白色になった液は，水よう液といえるか，いえないか。理由といっしょに説明しなさい。

**A** 水よう液はすき通っているが，でんぷんを入れて全体が白色になった液はすき通っていないから，水よう液といえない。

# 16 ものが水にとける量

**ココ大事!**

★きまった量の水にものがとける量には**限度《げんど》**があり，とける量はとけるものの**種類**によってちがう。

★水の量を増《ふ》やしたり，温度を上げたりすると，ものが水にとける量が変化する。

## 深めるチェック 水にとけるものの量

ものが水にとける量を調べよう。

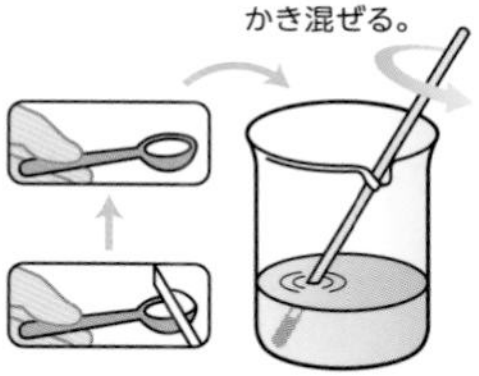


**実験** 20℃の水50mLを２つ用意する。

それぞれにとけ残りが出るまで，食塩とミョウバンを小さじですり切り１ぱいずつ入れていく。

**結果** **食塩**…小さじ３ばいまで全部とけた。

**ミョウバン**…小さじ１ぱいまで全部とけた。

**まとめ** きまった量の水にものがとける量には**限度**があり，とける量の**限度**は，とけるものの**種類**によってちがう。

## 深めるチェック 水の量ととけるものの量

水の量を増やすと，食塩のとける量はどう変わるのか調べよう。

**実験** 水50mL，100mL，150mLに，とけ残りが出るまで，食塩を小さじですり切り１ぱいずつ入れていく。

**結果**

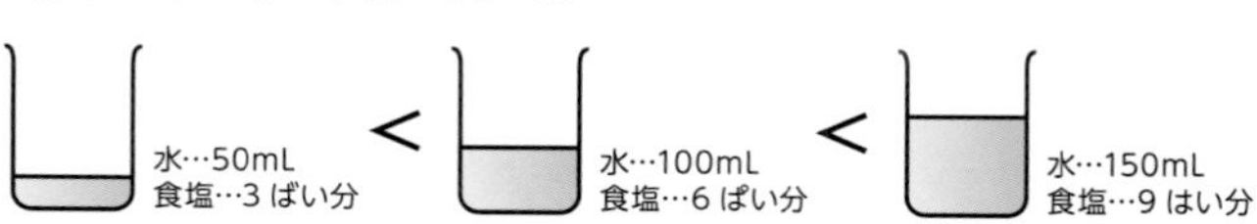


**まとめ** **水の量ととけるものの量の関係**…水の量が２倍，３倍に増えると，ものがとける量も**2**倍，**3**倍に増える。

## 深めるチェック　水の温度ともののとける量

水の温度を上げると，もののとける量はどう変わるのか調べよう。

**実験** 温度のちがう水50mLを2つずつ用意して，それぞれに食塩，ミョウバンを小さじですり切り1ぱいずつ入れて行く。

**結果**

| 水50mLの温度 | 20℃ | 40℃ | 60℃ |
|---|---|---|---|
| とけた食塩の量 | 3ばい分 | 3ばい分 | 3ばい分 |

| 水50mLの温度 | 20℃ | 40℃ | 60℃ |
|---|---|---|---|
| とけたミョウバンの量 | 1ぱい分 | 2はい分 | 5はい分 |

**まとめ**

- ☑**食塩** … 水の温度を上げても，とける量はほとんど変わらない。
- ☑**ミョウバン** … 水の温度を上げると，たくさんとけるようになる。
- ☑**水の温度とものの とける量の関係** … 水にとかすものによって，とける量の変化のしかたがちがう。

### ＋プラス＋　メスシリンダーの使い方

① メスシリンダーを水平なところに置く。

② 量り取る目もりの少し下のところまで液を入れる。

③ **真横**から液面《えきめん》を見ながら，スポイトで液を入れて，目もりに合わせる。

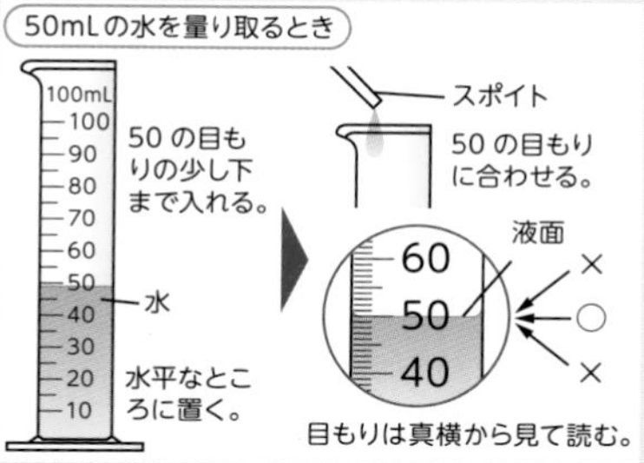


### 思考力アップ

**Q** 水に食塩を入れてかき混ぜたところ，とけ残りが出た。このとけ残った食塩を全部とかす一番よい方法を説明しなさい。

**A** 水の量を増やしてかき混ぜる。

# 17 とけたものの取り出し方

**ココ大事!**

★**水よう液を冷やして温度を下げると，ミョウバンのつぶは出てくるが，食塩のつぶはほとんど出てこない。**

★**水よう液から水をじょう発させると，ミョウバンも食塩もつぶが出てくる。**

## 深めるチェック 水よう液を冷やして取り出す方法

水よう液を冷やして，とけているものを取り出すことができるか調べよう。

**実験** ① ミョウバンがとけた水よう液を冷やす。

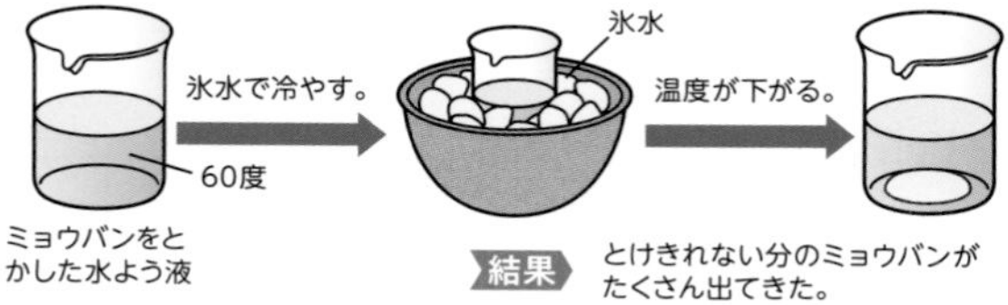


**結果** とけきれない分のミョウバンがたくさん出てきた。

② 食塩がとけた水よう液を冷やす。

**結果** 食塩は，ほとんど出てこなかった。

食塩は，水の温度が変わっても，とける量はほとんど変わらないため。

**まとめ** ☑**水よう液**を冷やして温度を下げると，とけているものの種類によっては**取り出すことができる。**

☑食塩水を冷やしても，とけている食塩はほとんど取り出せない。

出てきたつぶは，水よう液をろ紙でこして，固体と液体を分けることで取り出せる。この方法をろ過《か》という。

## 深めるチェック 水をじょう発させて取り出す方法

水の量を変えることで，とけているものを取り出すことができるか調べよう。水をじょう発させることで水の量を減《へ》らすことができる。

**実験** ① ミョウバン，② 食塩がとけた水よう液をそれぞれ，5mL くらいじょう発皿に取り水をじょう発させる。

**結果** ① ミョウバン

② 食塩

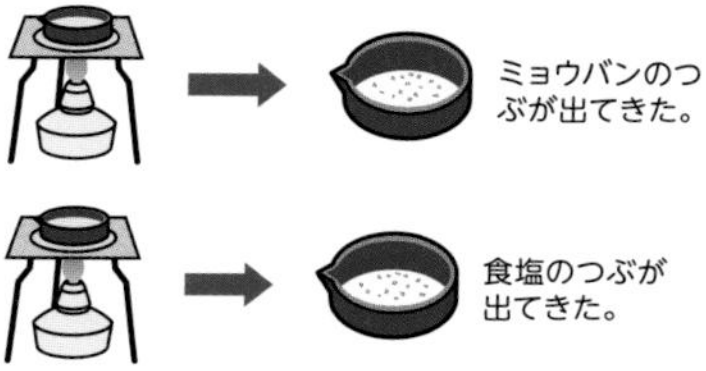

**まとめ** ☑水よう液の水をじょう発させると，とけているものを**取り出すことができる。**

### プラス ろ過の仕方

① ろ紙を折って，ろうとに入れる。

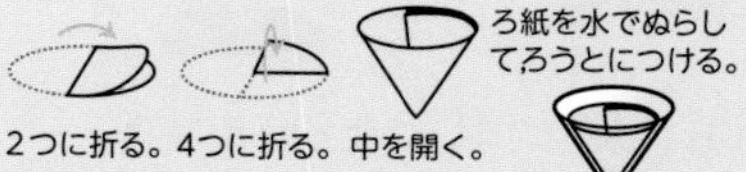


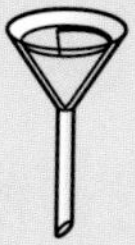

② ろ過する液を，ガラスぼうに伝わらせて注ぐ。

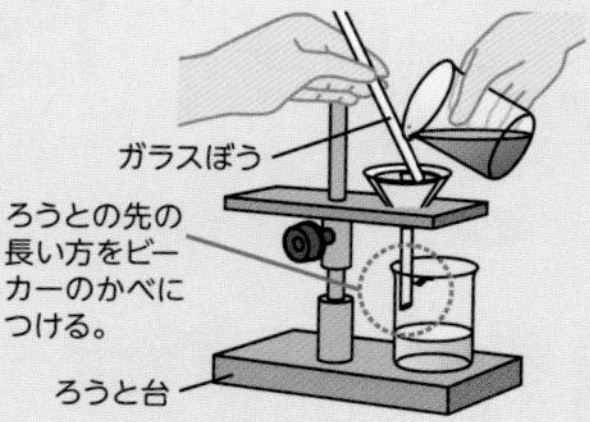


### 思考力アップ

**Q** ミョウバンは30℃の水50mL にスプーンで4はいとけ，10℃の水50mL に2はいとける。30℃の水50mL にとけるだけとかしたミョウバンを10℃に冷やすと，何はいのミョウバンが出てくるか。

**A** 10℃では2はいしかとけないので，冷やしたときに出てくるミョウバンはスプーンで4はい－2はい＝2はい

# 18 電磁石の性質

**ココ大事!**

★電磁石《でんじしゃく》は，電流を流したときだけ磁石になる。

★電磁石には，N極とS極があり，電流を流す向きを反対にすると，電磁石のN極とS極も反対になる。

## 深めるチェック 電磁石

導線《どうせん》をまいたものをコイルといい，コイルに**鉄心**《てっしん》を入れたものを電磁石という。

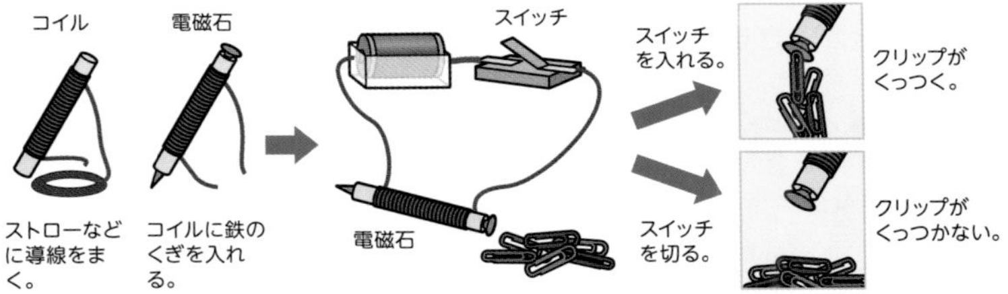


☑**電磁石** … 電流が流れたときだけ，磁石と同じはたらきをする。

## 深めるチェック 電磁石のN極とS極

**実験** 電磁石の両はしに方位磁針《じしん》を置き，電流を流す。

**結果** 電磁石の一方のはしでは，方位磁針のS極，もう一方のはしではN極を引きつけた。

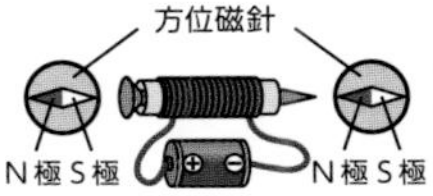


**まとめ** 電磁石にも極がある。

☑**電磁石の極** … 電磁石にも，N極とS極がある。

## 深めるチェック 電流の流れる向きと電磁石の極

電磁石のN極とＳ極は，ぼう磁石と同じように決まっているのかどうかを確かめてみよう。

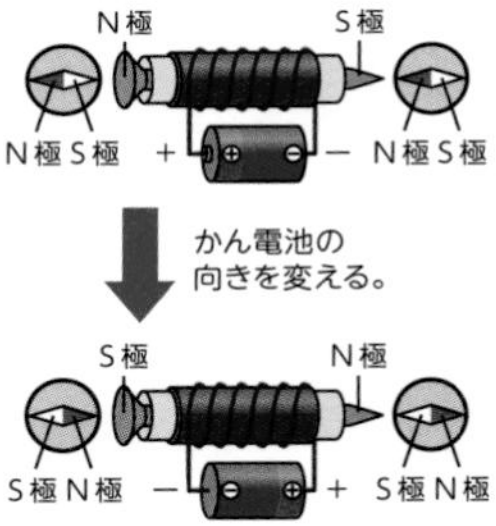


**実験** ① 電磁石の両はしに方位磁針を置いて電流を流し，電磁石のN極とＳ極を調べる。

② かん電池の向きを変えて，①と同じように電磁石のN極とＳ極を調べる。

**結果** かん電池の向きを反対にすると，電磁石のN極とＳ極も反対になった。

**まとめ** 電磁石は，電流が流れる向きで，N極とＳ極が決まる。

☑電磁石は，電流の流れる向きを変えることで，N極とＳ極を変えることができる。

### プラス 電磁石のN極の見分け方

電磁石の極は，コイルに流れる電流の向きによって決まる。

右の図のように，コイルの電流の向きと**右手**の人差し指から小指の指先の向きが重なるようにしてコイルをにぎったときに，のばした**親指**の向きが**N極**となる。

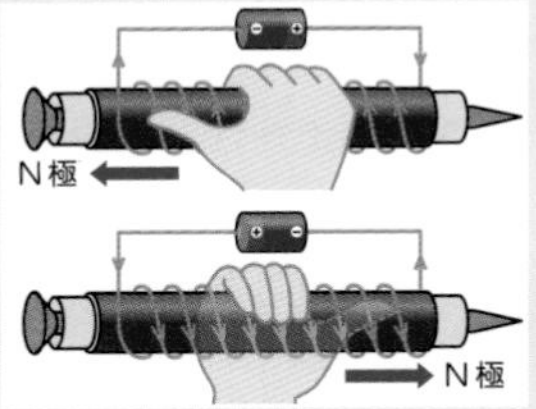


### 思考力アップ

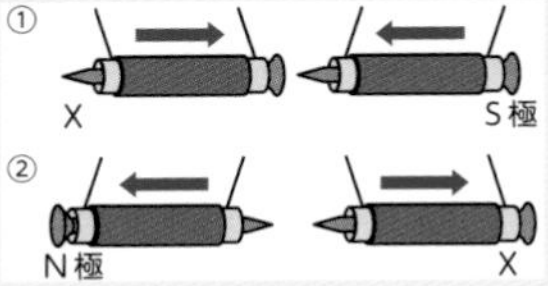


**Q** ２つの電磁石に電流を流すと，矢印の向きに電磁石が動いた。

①と②のＸはそれぞれ何極か。

**A** ① N極　② N極

# 19 電磁石の強さ

**ココ大事!**

★電磁石《でんじしゃく》に流れる電流を大きくすると，電磁石のはたらきは強くなる。

★電磁石のコイルのまき数を多くすると，電磁石のはたらきは強くなる。

## 深めるチェック 電流の大きさと電磁石の強さ

かん電池を直列につないで電磁石に流れる電流を大きくすると，電磁石につくクリップの数が多くなる。

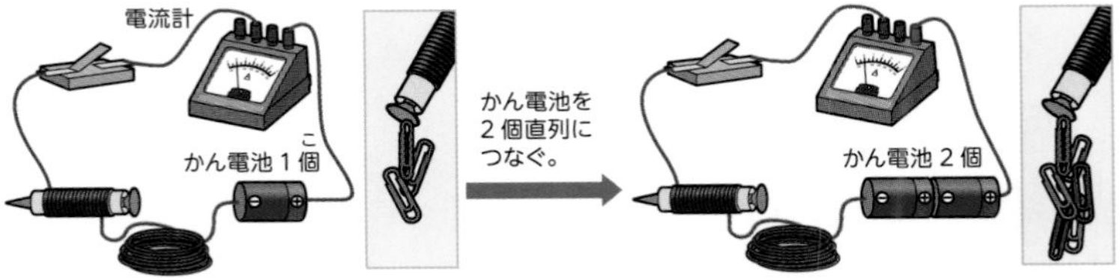


☑**電流の大きさと電磁石** … 電流が大きい方が，電磁石は強くなる。

## 深めるチェック コイルのまき数と電磁石の強さ

コイルのまき数を多くすると，電磁石につくクリップの数が多くなる。

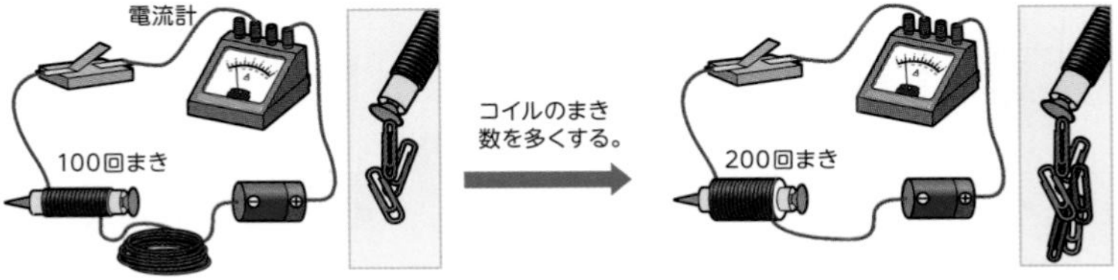


☑**コイルのまき数と電磁石** … コイルのまき数が多い方が，電磁石は強くなる。

## 深めるチェック 電磁石の利用

身のまわりには，**モーター**や発電機，ベルなど電磁石を利用したいろいろな道具がある。

モーターは，電気製品やスマートフォンなど，身近な所で多く使われている。モーターは，磁石と電磁石の性質を利用したもので，磁石の極と電磁石の極が，おたがいに引き合ったり，しりぞけ合ったりすることで回転する。

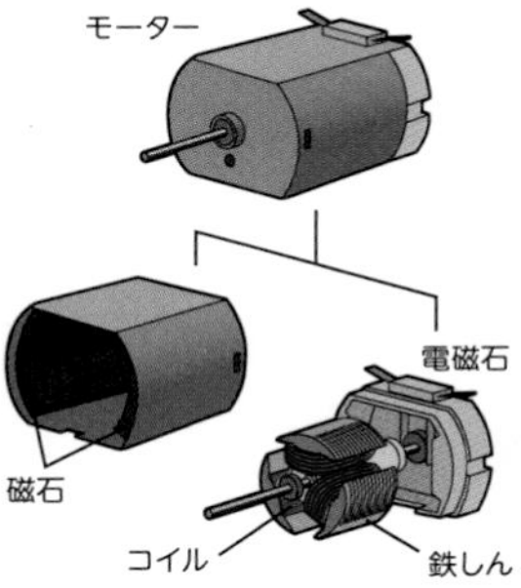


## ＋プラス＋ 電流計の使い方

電流計は，電流の大きさをくわしく調べるときに使う。

① 電流計の＋たんしに，かん電池の＋極側の導線《どうせん》をつなぐ。

② いちばん大きい5Aの－たんしに，かん電池の－極側の導線をつなぐ。

③ 電流計の目もりが0.5Aより小さいときは，500mAの－たんしにつなぎかえる。

500mA=0.5A　50mA=0.05A
(1000mA=1A)

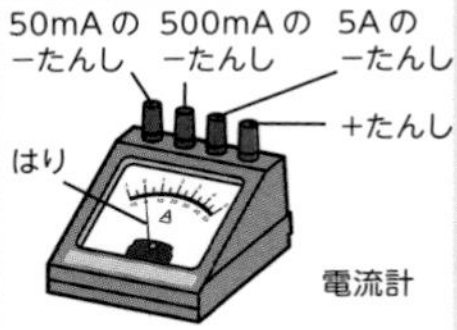


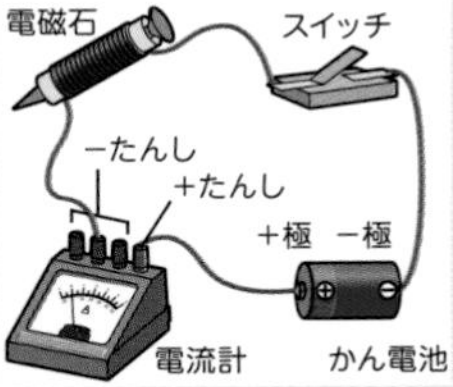


### 思考力アップ

**Q** 次のうち，電磁石のはたらきが大きいのはどちらか。

**ア**　電池２個直列・コイルのまき数200回

**イ**　電池２個へい列・コイルのまき数100回

**A** ア

# 20 ふりこのふれはば

**ココ大事！**

★糸などにおもりをつけて，左右にふれるようにしたものを**ふりこ**という。

★ふりこの長さとおもりの重さが同じであれば，**ふれはば**を変えても，１往復《おうふく》する時間は**変わらない**。

## 深めるチェック　ふりこのふれはば

ふりこは，**ふりこの長さ**，**おもりの重さ**，**ふれはば**の３つを変えることができる。

☑**ふりこの長さ** … 糸などをつるした点からおもりの中心までの長さ。

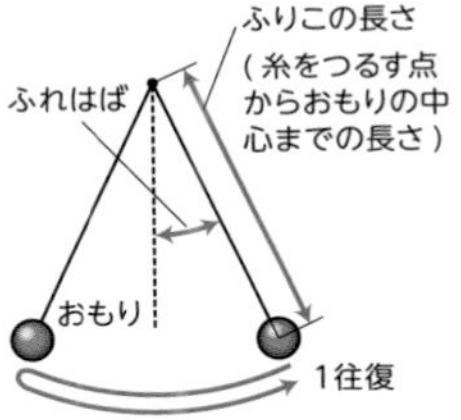


**実験**　ふりこの長さとおもりの重さは変えずに，ふれはばが15°と30°のふりこの１往復の時間を調べる。

**結果**　ふれはばと１往復の時間

| ふれはば | 15° | 30° |
|---|---|---|
| 1往復の時間 | 1.4秒 | 1.4秒 |

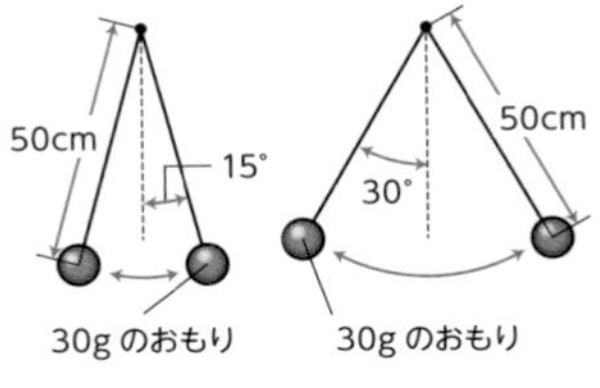


１往復の時間はどちらも同じ時間になった。

**まとめ**　ふりこの長さとおもりの重さが同じであれば，ふれはばを変えても，１往復の時間は**同じ**になる。

☑**ふれはばと１往復の時間** … ふりこの1往復の時間に，ふれはばの大きさは関係ない。

## 深めるチェック　ふりこの１往復の時間の求め方

ふりこが1往復する時間はとても短いので，1回だけでは正確《せいかく》な時間を調べることがむずかしい。そのため，10往復する時間を何回かはかって，その平均《へいきん》を求める。それを10でわったものを１往復の時間にする。

例

| | 1回目 | 2回目 | 3回目 | 10往復の平均 | **1往復の時間** |
|---|---|---|---|---|---|
| 10往復の時間 | 13秒 | 15秒 | 14秒 | 14秒 | **1.4秒** |

10往復の平均＝(13＋15＋14)÷3＝14(秒)

１往復の時間＝14÷10＝1.4(秒)

☑**ふりこの1往復の時間** … 10往復の時間をはかって10でわる。

### プラス　ふりこの速さ

ふりこが１往復する間のおもりの速さは，おもりの位置によって変化している。

ふりはじめのA点の速さは０で，A点からB点まではだんだんと速くなっていく。

**B点でいちばん速くなり**，B点からC点まではだんだんおそくなり，C点で速さは０になる。

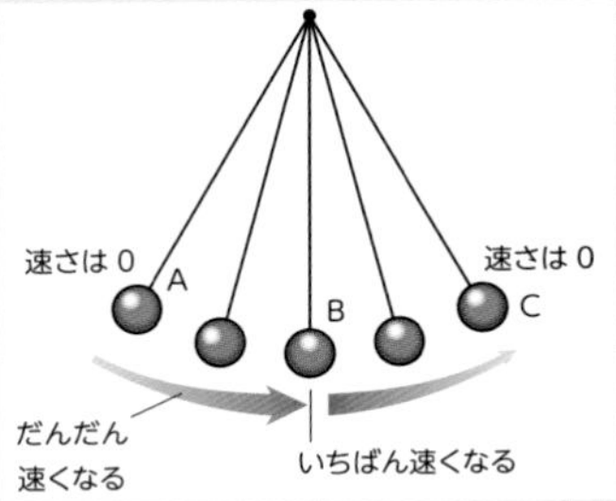


ふれはばが大きいほうが，B点での速さは速くなる。

### 思考力アップ

**Q** ふれはばが10°のときと20°のときを比《くら》べると，20°の方が，おもりが動くきょりが長くなるのに，１往復の時間は10°のときと同じになる。その理由を説明しなさい。

**A** ふれはばが10°のときより，おもりの速さが速くなるから。

# 21 ふりこの長さとおもりの重さ

**ココ大事!**

★**ふりこの1往復《おうふく》する時間は，ふりこの長さによって変わる。**

★**ふりこの長さが同じであれば，ふれはばやおもりの重さを変えても，ふりこの1往復する時間は変わらない。**

## 深めるチェック　ふりこの長さと1往復の時間

ふりこのふれはばとおもりの重さを変えずに，ふりこの長さだけを変えると，ふりこの1往復の時間はどうなるかを確《たし》かめてみよう。

**実験** おもりの重さを20g，ふれはばを30°にして，ふりこの長さが25cm，50cm，100cmのふりこの1往復の時間を調べる。

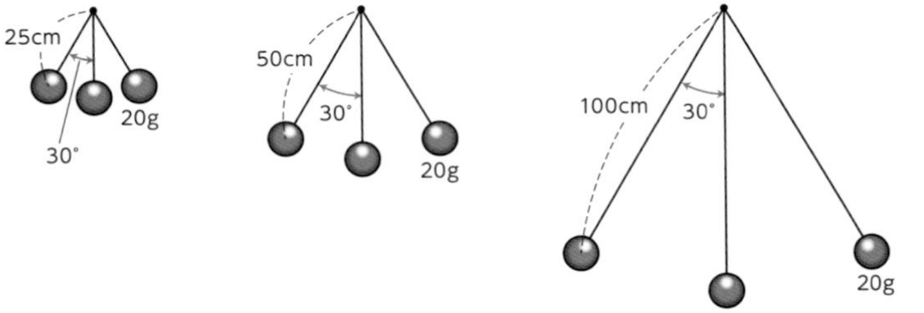


**結果** ふりこの長さと1往復の時間

| ふりこの長さ | 25cm | 50cm | 100cm |
|---|---|---|---|
| 1往復の時間 | 1.0秒 | 1.4秒 | 2.0秒 |

1往復の時間はどれもちがう時間になった。

**まとめ** ふりこの長さが長い方が，1往復の時間も長くなる。

☑ **1往復の時間とふりこの長さ** … 1往復の時間が2倍になるのは，ふりこの長さが4倍になったとき。

## 深めるチェック　おもりの重さと１往復の時間

ふりこのふれはばと長さを変えずに，おもりの重さだけを変えると，ふりこの１往復の時間はどうなるかを確かめてみよう。

**実験** ふりこの長さを50cm，ふれはばを30°にして，おもりの重さを10ｇ，20ｇ，50ｇにしたふりこの１往復の時間を調べる。

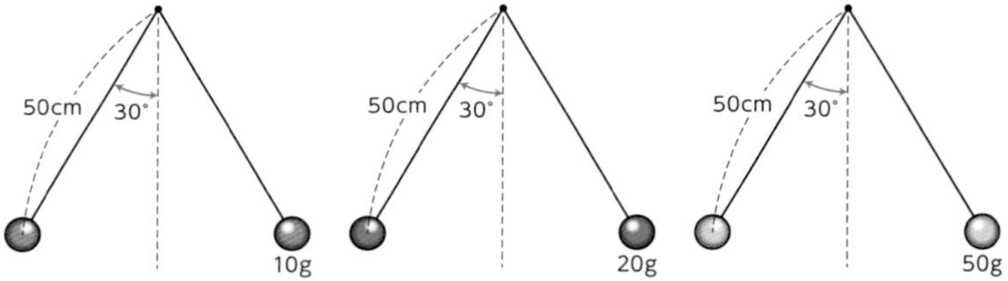


**結果** おもりの重さと１往復の時間

| おもりの重さ | 10g | 20g | 50g |
|---|---|---|---|
| 1往復の時間 | 1.4秒 | 1.4秒 | 1.4秒 |

１往復の時間はどれも同じになった。

**まとめ** ふりこの長さとふれはばが同じであれば，おもりの重さを変えても，１往復の時間は同じになる。

☑**おもりの重さと１往復の時間** … ふりこの1往復の時間に，おもりの重さは**関係ない**。

☑**ふりこの１往復の時間** … ふりこのふれはばやおもりの重さに関係なく，ふりこの長さによって決まる。

### 思考力アップ

**Q** ふりこの長さとふりこの１往復の時間との関係を調べるためには，**ア～エ**のどれとどれを比《くら》べるとよいか。

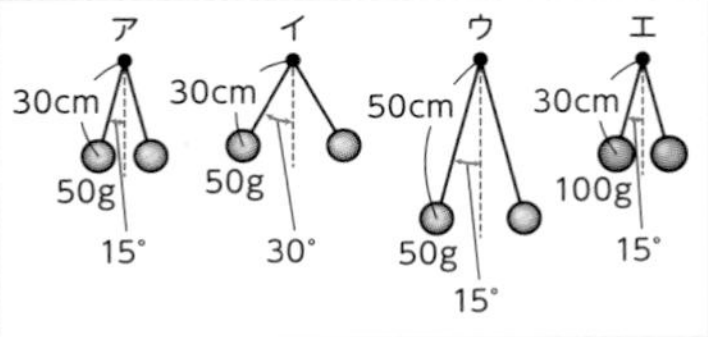


**A** アとウ

理科コラム

# ～温泉卵～

ゆで卵をつくると，白身だけが固まって黄身はとろりとしている半熟《はんじゅく》卵ができることがあります。一方，温泉《おんせん》地などに行くとよく見かける「温泉卵」は，白身は固まらずとろりとしていて，黄身だけが半熟に固まった状態《じょうたい》になっています。ゆで卵は，白身から先に固まるのに，「温泉卵」は，なぜ黄身から固まるのでしょうか？その秘密《ひみつ》は，白身と黄身が固まる温度のびみょうな差にあります。

卵の白身は80°Cくらいで，黄身は65°Cぐらいで固まります。この性質《せいしつ》を利用したのが，「温泉卵」というわけです。ふつうになべで卵をゆでると，熱は水から白身へ，白身から黄身へと伝わっていきます。だから，白身が固まり始めても，黄身はまだその温度になっていません。「温泉卵」は70°Cくらいの温度でゆでます。この場合，熱は同じように白身から黄身へと伝わりますが，白身は固まらず，黄身だけが固まります。家庭でも70°Cくらいのお湯に，30分程度《ていど》つけておくことで，「温泉卵」をつくることができます。

でも，70°Cくらいのお湯の温度を保《たも》つことって意外とむずかしいですね。温度が高すぎたらふつうのゆで卵，しかし低すぎても固まりません。わざわざ温度計ではかるのは，少しめんどうでもあります。そこで，水がふっとうしたら火を止めて，水でといたかたくり粉《こ》を加えて卵をそっと入れ，20分程度待てば「温泉卵」が完成します。一度試してみてください。

# 社会

# 01 地球儀と世界地図

**ココ大事!**

- ★地球をそのままちぢめたも型《けい》を**地球儀《ちきゅうぎ》**という。
- ★メルカトル図法は緯線《いせん》と経線《けいせん》が**直角**に交わる。
- ★モルワイデ図法は**面積**が正しい。
- ★正距方位図法《せいきょほういずほう》は中心からの**きょり**と**方位**が正しい。

## 深めるチェック　地球儀

地球の陸地や海洋，面積，方位，きょりなどを調べたいときは**地球儀**を使う。地球儀がかたむいているのは，地球の**地軸《ちじく》**がかたむいているからである。

☑**地球儀** … 地球をそのままちぢめたも型。地球上の陸地や海洋の全体を一度に見わたすことはできない。

## 深めるチェック　いろいろな地図①

世界全体を一度に見たいときは地図を使う。地図はいろいろな種類があり，目的にあった地図を使う。

☑**メルカトル図法** … **緯線**と**経線**が直角に交わるため，２つの地点をむすぶ線と経線が交わる**角度**が同じになる。ただし緯度が高くなると，面積が実際《じっさい》よりも大きくなり，形がゆがむ。航海図《こうかいず》に利用される。

☑**モルワイデ図法** … **面積**が正しい地図。**分布図《ぶんぷず》**に利用される。

▲地球儀

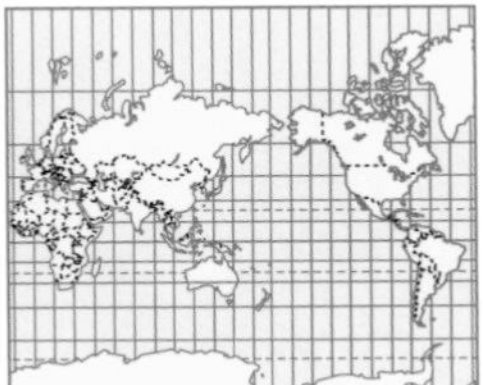
▲メルカトル図法

▲モルワイデ図法

## 深めるチェック　いろいろな地図②

☑**正距方位図法**… 中心からある地点までのきょりと方位が正しい地図。中心からある地点までの最短きょりと方位を知ることができるので，航空図《こうくうず》に利用されている。

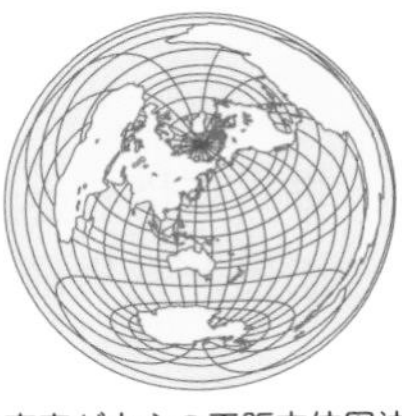

▲東京が中心の正距方位図法

### ＋プラス＋　太陽がしずまない現象

南極や北極の地いきでは，夏に１日を通して太陽がしずまない，**白夜《びゃくや》**という現象《げんしょう》がおこる。白夜は，地球がかたむいた状態《じょうたい》で太陽のまわりを回っているためおこる現象で，夜中でもうす明るい日がつづく。

▲太陽はこのまま地平線の上を移動する

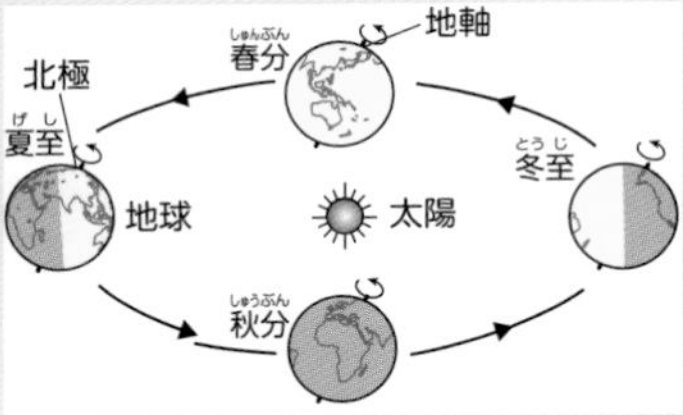


▲太陽のまわりを回る（公転する）地球

### 思考力アップ

Ⓠ 日本とアメリカを調べるときに使う地図はどのように選ぶとよいか。

Ⓐ 日本とアメリカの経度や緯度について調べるときはメルカトル図法の地図，面積のちがいを調べたり，分布図をつくったりするときはモルワイデ図法の地図を選ぶ。日本からのきょりと方位を調べたいときは正距方位図法の地図を選ぶ。

# 02 世界の国々・大陸・大洋

**ココ大事!**

★世界には約200の国がある。

★面積が世界最大の国はロシア連邦《れんぼう》，最小はバチカン市国《しこく》。

★六大陸の中で最も面積が大きいのはユーラシア大陸。

★地球の陸地と海の比率は3：7である。

## 深めるチェック 世界の国々

世界には約200の国がある。

☑面積が大きい国 … 第1位はロシア連邦で，日本のおよそ45倍の大きさ。第2位はカナダ，第3位はアメリカ合衆国《がっしゅうこく》，第4位は中国《ちゅうごく》(中華《ちゅうか》人民共和国)，第5位はブラジル。日本は世界の中で第61位。

☑面積が小さい国 … 最も小さい国はバチカン市国。イタリアの首都ローマの中にある。

☑人口が多い国 … 中国が**約14億人**で第1位。第2位はインド，第3位はアメリカ合衆国(2020年現在《げんざい》)。

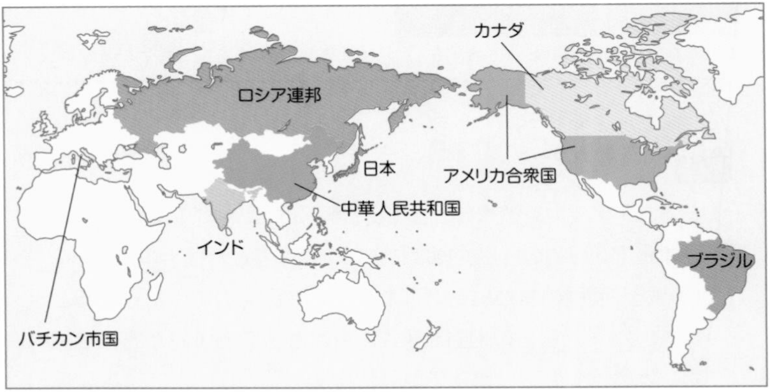


▲世界の国々

## 深めるチェック　六大陸と三大洋

地球には6つの大陸（六大陸）と3つの大洋（三大洋）がある。最も面積が大きい大陸はユーラシア大陸で，最も小さいのはオーストラリア大陸。最も面積が大きい大洋は太平洋である。陸地と海の面積の比率《ひりつ》は3：7で，海のほうが広い。

▲六大陸と三大洋（数字は大きさの順位）

北極は大きな氷がういている状態《じょうたい》で，その下に陸地（大陸）はないので，「北極大陸」はない。

太平洋は「太」，大西洋は「大」と書くので気をつけよう！

### プラス　世界の国旗

昔，イギリスの植民地《しょくみんち》だったオーストラリアの国旗の左上にはイギリスの国旗がえがかれている。トルコの国旗はイスラム教の国の国旗に多く見られる三日月と星が，カナダの国旗には国の木であるカエデの葉がえがかれている。ネパールのように国旗が長方形ではない国もある。国旗にはその国の歴史や文化が表されている。

▲オーストラリア

▲トルコ

▲カナダ

▲ネパール

### 思考力アップ

Q　なぜ地球は「**水のわく星**」と言われるのか。

A　地球の表面の多くが水におおわれているから。陸地と海の面積の比率は3：7。海は陸地の倍以上広い。

# 03 日本の国土について

**ココ大事!**

★ 日本は**北海道**，**本州**，**四国**，**九州**と小さな島々からなる。

★ 日本の面積は**約38万 $km^2$**である。

★ **北方領土《ほっぽうりょうど》**は択捉島《えとろふとう》・国後島《くなしりとう》・色丹島《しこたんとう》・歯舞群島《はぼまいぐんとう》の4島。

## 深めるチェック　日本の位置

日本はユーラシア大陸の東のはし，太平洋の北東に位置している。日本の**領土《りょうど》**は北海道，本州，四国，九州の4つの大きな島と，6,800以上の小さな島々《しまじま》からなる。

☑ **日本の長さ** … 北のはしから南のはしまで**約3,000 km**にわたってのびており，南北にも東西にも長い弓形をしている。領土の面積は，**約38万 $km^2$**。

☑ **日本のはし** … 東西南北，それぞれの最もはしに位置する島は，東は**南鳥島《みなみとりしま》**（東京都），西は**与那国島《よなぐにじま》**（沖縄県），南は**沖ノ鳥島《おきのとりしま》**（東京都），北は**択捉島**（北海道）。

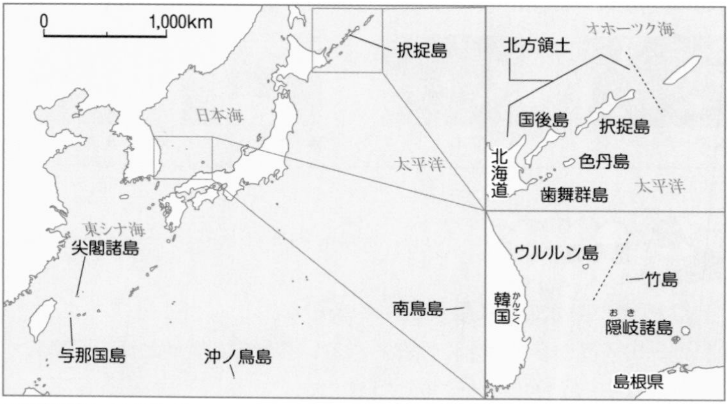


▲日本列島とそのまわり

## 深めるチェック　日本の領土問題

日本と周辺の国々の間には，領土《りょうど》をめぐる問題がある。

☑竹島《たけしま》(島根県)…韓国《かんこく》が不法に占拠《せんきょ》している。

☑尖閣諸島《せんかくしょとう》(沖縄県)…中国が自国の領土であると主張している。

☑北方領土(北海道)…択捉島・国後島・色丹島・歯舞群島の４島。ロシア連邦《れんぽう》が不法に占拠《きょ》している。

### プラス　領域

国のはん囲は領土，領空，領海の領域《りょういき》からなる。

・**領土**…その国がもつ陸地。

・**領空**…領土と領海の上空。宇宙《うちゅう》空間は入らない。

・**領海**…領土の海岸線から**12海里《かいり》**までの海。

・排他的経済水域《はいたてきけいざいすいいき》…領海の外側で，領土の海岸線から**200海里**までの海。漁業や開発はその国がゆう先的に行える。

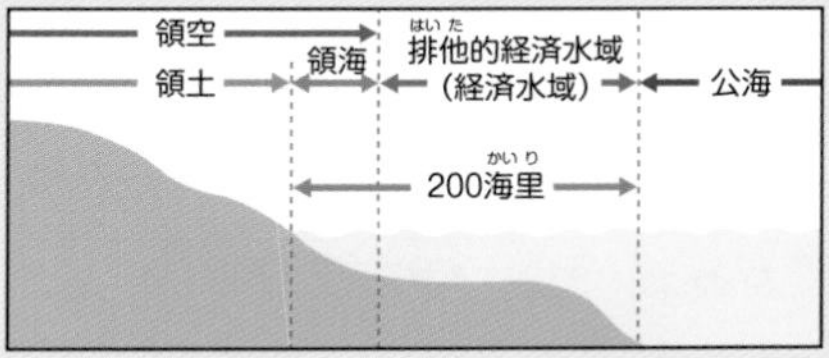


▲領土・領海・領空・排他的経済水域のはん囲

### 思考力アップ

**Q** 排他的経済水域がせまくなると，日本の漁業はどうなるか。

**A** 排他的経済水域がせまくなると，自由に漁業をすることができる水域が減《へ》ることになり，日本の漁かく量(魚をとる量)が減少《げんしょう》する。

# 04 日本の気候について

**ココ大事!**

★日本の気候は，北海道《ほっかいどう》の気候，太平洋側の気候，日本海側の気候，中央高地の気候，瀬戸内《せとうち》の気候，南西諸島《なんせいしょとう》の気候に分けられる。

★日本は季節風のえいきょうなどにより，四季がはっきりしている。

## 深めるチェック　日本の各地いきの気候

日本の気候は，６つに分けることができ，それぞれの特《とく》ちょうに応じて，人々《ひとびと》は気候に合ったくらしをしている。

▲日本の気候区分

☑**北海道の気候**… 冬の寒さがきびしく，雨が少ない。梅雨《つゆ》のえいきょうを受けない。

☑**太平洋側の気候**… 夏は雨が多く，冬は晴れの日が多い。

☑**日本海側の気候**… 冬は雪が多くふり，寒さがきびしい。

☑**中央高地の気候**… １年を通して雨が**少なく**，夏と冬の気温差が大きい。

☑**瀬戸内の気候**… １年を通して雨が少ない。冬は他の気候区分に比《くら》べるとややあたたかい。

☑**南西諸島の気候**… １年を通して雨が多く，冬もあたたかい。台風がよく通る。

日本は山がちな地形である。山地の標高が高い所と，平野などの低い所では気温の差も大きい。

## 深めるチェック　日本の気候の特ちょう

日本の気候は季節風のえいきょうを大きく受けている。四季**(春・夏・秋・冬)の区別**がはっきりしたおもに温帯の気候である。

☑**梅雨** … 5月から7月ごろにかけての，雨が多い期間。

☑**台風** … 夏から秋にかけて日本をおそう。強い雨と風で，ひ害が大きくなることもある。

### ＋プラス＋　季節風

季節によってふく方向が変わる風を，季節風という。日本では夏は太平洋の上を通って**南東**から，冬は大陸から日本海の上を通って**北西**からふく。このため，太平洋側は夏に雨が多くふり，日本海側は冬に雪が多くふる。

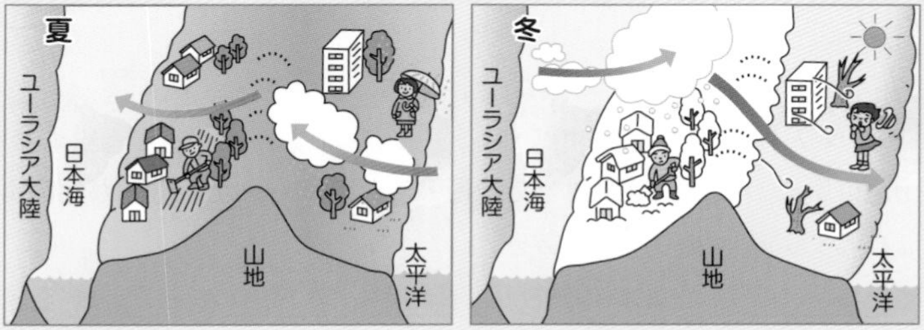


▲季節風のふく方向

### 思考力アップ

**Q** 日本の本州の気候が，太平洋側と日本海側とでちがっているのはなぜか。

**A** 季節風のえいきょうをうけるから。太平洋側は夏に雨が多くふり，日本海側は冬に雪が多くふる。

# 05 日本の地形について

**ココ大事!**

★日本列島は陸地の約４分の３が**山地**である。

★**飛騨《ひだ》山脈《さんみゃく》**，**木曽《きそ》山脈《さんみゃく》**，**赤石《あかいし》山脈《さんみゃく》**をまとめて**日本アルプス**という。

## 深めるチェック　日本の地形の特ちょう

日本列島は山がちで，陸地の**約４分の３**が**山地**である。また日本の河川《かせん》は，世界の河川に比《くら》べて流れが急で短いという特《とく》ちょうがある。

☑**標高**…海面の高さを０ｍとして測《はか》ったときの，陸地の高さのこと。山地は標高が高く，平野は標高が低い。

## 深めるチェック　日本の山地

山地はいくつもの山が集まった地形のことであり，**山脈《さんみゃく》**は山が列のようにならんでいる地形のことである。

☑**日本アルプス**…本州中央部の**飛騨山脈**，**木曽山脈**，**赤石山脈**をまとめていう。それぞれ標高が3,000m以上ある。

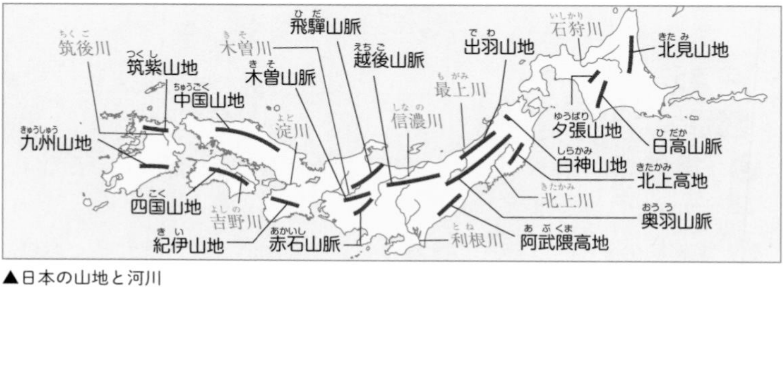


▲日本の山地と河川

## 深めるチェック 日本の低地

海に面している平地のことを**平野**という。他には，山に囲《かこ》まれた平地である盆《ぼん》地《ち》や，平野の中でまわりより高くなっている**台地**もある。

▲日本の低地

### プラス 扇状地と三角州

**扇状地**《せんじょうち》は，川が山間部から平地へ出たところに土砂《どしゃ》がたまってできた地形。水はけがよいため**果樹園**などに利用される。**三角州**《さんかくす》は，川が海などに流れこむところに土砂がたまってできた地形。水もちがよく，土地が平らなため**水田**などに利用される。

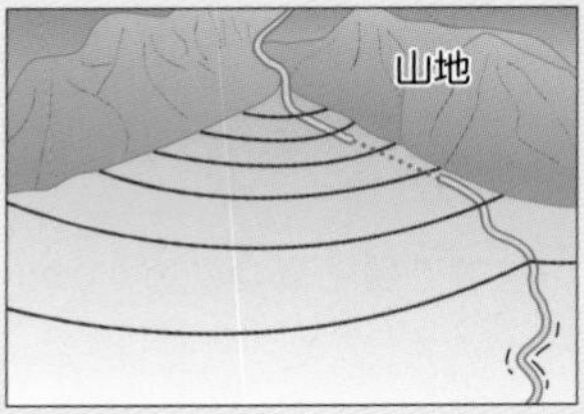


▲扇状地

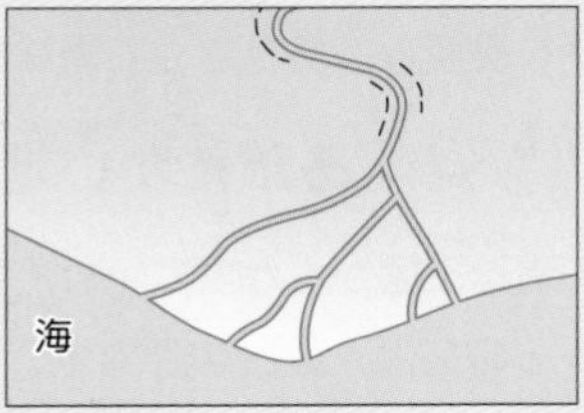


▲三角州

### 思考力アップ

**Q** 扇状地と三角州ができる場所や土地利用のちがいは何か。

**A** **扇状地**は土砂が平野や盆地に出た所，**三角州**は川が海などに流れこむ所に，それぞれできる。扇状地は果樹園《かじゅえん》，三角州は米づくりに利用されることが多い。

# 06 地いきのくらしかた

**ココ大事！**

★**北海道**ではオホーツク海《かい》の流氷，**沖縄県**ではあたたかい海で育つさんごしょうなどが，観光に生かされている。

★寒い地方もあたたかい地方も，その気候に合った生活や農業が行われている。

## 深めるチェック　寒い地方（北海道）

**北海道**は日本の中でも寒い地いきであり，内陸の地いきでは冬は気温がれい下20℃よりも低くなることがある。

- ☑**流氷** … 冬に**オホーツク海**をおおう氷。多くの観光客がおとずれる。
- ☑**雪の対さく** … 北海道では家の中のあたたかい空気がもれないように，家の窓《まど》やげんかんを二重にしたり，雪が多くふるので，屋根を平らにして雪が落ちないつくりにしたりしている。道路には**ロードヒーティング**を設置《せっち》し，あたためて雪をとかしている。

## 深めるチェック　あたたかい地方（沖縄県）

かつて**琉球王国**《りゅうきゅうおうこく》がさかえていた**沖縄県**は，日本で最もあたたかい地いきで，昔からの文化，豊かな自然などが残されている。

- ☑**さんごしょう** … あたたかい海で育つが，最近は海水温の上しょうなどにより，さんごが白くなる**白化現象**《はくかげんしょう》が起きている。
- ☑**台風** … 夏には台風の通り道になり，大きなひ害《がい》が出ることがある。伝統的な家は，屋根のかわらをしっくいで固めたり，さんごの石がきでかこったりしている。最近はコンクリートでできた家も多い。
- ☑**沖縄戦** … 1941年に始まった太平洋戦争では，沖縄にアメリカ軍が上陸し，12万人以上の人々がなくなった。

## 深めるチェック　それぞれの特ちょう

寒さのきびしい北海道，１年を通してあたたかい沖縄県では，それぞれの気候に合わせた農業が行われている。また，豊かな自然を利用した**観光業**もさかんである。

☑**北海道の農業** … 夏の暑さに弱い乳牛《にゅうぎゅう》を育てるらく農がさかん。すずしい場所で育ちやすい**じゃがいも**，**小麦**をはじめとする畑作もさかん。

☑**沖縄県の農業** … 高い気温やしつ度で育つ，さとうきびの生産がさかん。また，暑い地いきが原産地である**パイナップル**や**マンゴー**なども，多くさいばいされている。

☑**観光業** … 北海道では**世界自然遺産**《せかいしぜんいさん》に登録されている知床《しれとこ》などで，自然を大切にする**エコツアー**が行われている。

### ＋プラス＋　沖縄のアメリカ軍基地

日米安全保障条約《にちべいあんぜんほしょうじょうやく》により，日本の国内にはアメリカ軍の基地が置かれている。そのうちの約4分の3は，沖縄に集中しており，沖縄の人々の生活に大きなえいきょうをおよぼしている。

▲沖縄県のアメリカ軍の基地

### 思考力アップ

**Q** 北海道や沖縄の気候に合わせた家や道路のくふうは何か。

**A** 北海道の家は，あたたかい空気がもれないように，窓やげんかんが二重になっている。道路は雪が積もらないようにロードヒーティングが設置されている。沖縄県は台風に備《そな》えてがんじょうな家のつくりになっている。

# 07 日本の米づくり

**ココ大事!**

★日本は米づくりに適《てき》している国である。

★日本人の主食は米である。

★東北地方は全国の米の生産量の約３分の１をしめる。

## 深めるチェック　日本の米づくりの特ちょう

米づくりをするには，平らな土地，大量の水，適切な気温などが必要である。日本は米づくりに適した地いきが多くあり，昔から米づくりがさかんな国であるといえる。

☑米 … 米は，古くから日本人の主食となってきた。

## 深めるチェック　米づくりのさかんな地いき

米づくりは日本全国で行われているが，特に次の地図中の地いきなどでさかんである。

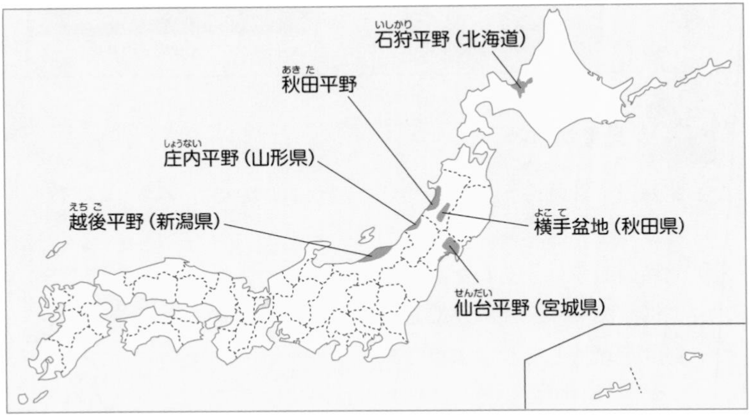


▲米づくりのさかんな地いき

## 深めるチェック　米の生産量

米の生産量は，新潟県と北海道が多い。東北地方の米の生産量は，全国の約３分の１(2018年)にもなる。

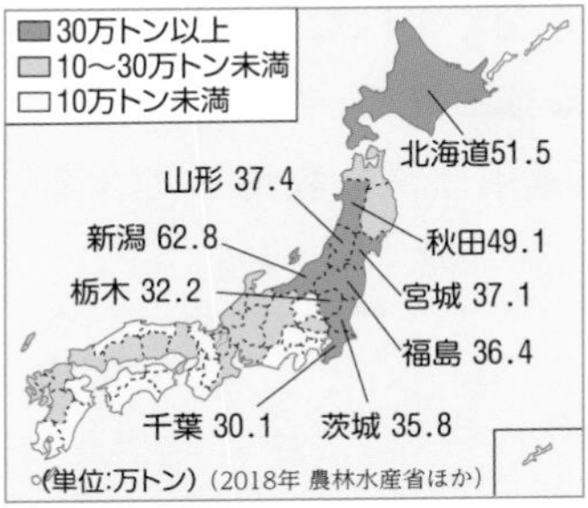


▲都道府県別の米の生産量

### プラス　冷害

やませは東北地方の太平洋側にふく**夏の冷たい北東からの風**である。やませが原因《げんいん》で気温の低い日が続くと，米が十分に育たなくなる冷害が発生する。現在は品種改良《ひんしゅかいりょう》で生み出された，低温に負けない米づくりが行われている。

▲健康《けんこう》な稲《いね》(左)と冷害にあった稲(右)

### 思考力アップ

**Q** 日本で米づくりがさかんなのはなぜか。

**A** 日本には米づくりに必要な「**平らな土地**」，「**大量の水**」，「**適切《てきせつ》な気温**」などがそろった地いきが多くあるから。たとえば東北地方の「大量の水」は，山に積もった雪どけ水を利用している。

# 08 米づくりのくふう

**ココ大事!**

★稲《いね》を育てるのには多くの作業をしなくてはならない。

★害虫を食べるかもを水田に放つ農家もある。

★トラクターや田植え機など，農業用機械を利用して作業時間を短くする。

## 深めるチェック 米づくりの作業

米づくりには，年間を通じてさまざまな作業がある。

☑田おこし … 田の土を耕《たがや》して，やわらかくする。

☑しろかき … 田に水を入れて土をくだき，ならす。

☑田植え … 育てたなえを植えていく。

☑じょ草《そう》 … 稲の成長をじゃまする雑草《ざっそう》を取りのぞく。

☑稲かり・だっこく … 稲をかりとり，もみをほからはずす。

☑かんそう … 保管《ほかん》して，かわかす。

☑保管《ほかん》 … カントリーエレベーターで保管する。

## 深めるチェック 米づくりの技術

安全でおいしい米づくりのため，農家の人々はさまざまな努力をしている。たとえば，水田に入れる水の量を調整することで雑草が減《へ》り，農薬をあまり使わなくてすむ。昔からの知えや技術を使いながら，最新の技術《ぎじゅつ》も取り入れて米づくりは行われている。

☑かも … 鳥のかもを水田に放つと，雑草や害虫を食べるので，農薬の量を減らすことができる。また，かものふんは肥料《ひりょう》にもなる。

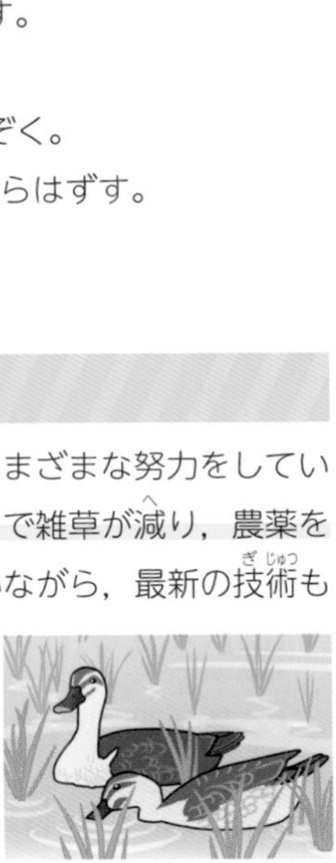

▲かも

## 深めるチェック　米づくりのための機械

昔の米づくりは，人の手と牛や馬をつかって行われていた。現在は**農業用機械**が発達したため作業が楽になり，作業時間も大はばに短《たん》しゅくされている。しかし機械の費用《ひよう》は高く，また，使い方をまちがえると大きなけがをする可能性もある。

- ☑**トラクター**…田おこしやしろかきに使用される。
- ☑**田植え機**…一度に大量の田植えができる。
- ☑**コンバイン**…稲かりのときに使用される。だっこくを同時に行える。

▲田植え機

### プラス　めいがら米

おいしい米，冷害に強い米などを求めて，米の品種をかけあわせた品種改良《ひんしゅかいりょう》がなされ，多くの**めいがら米**がたん生している。

| 品種名 | 親の品種 | たん生地 |
| --- | --- | --- |
| あきたこまち | コシヒカリと奥羽《おうう》292号 | 秋田県 |
| きらら397 | しまひかりとキタアケ | 北海道 |
| ひとめぼれ | コシヒカリと初星《はつぼし》 | 宮城県 |
| はえぬき | 庄内《しょうない》29号とあきたこまち | 山形県 |
| ヒノヒカリ | 黄金晴《こがねばれ》とコシヒカリ | 宮城県 |

### 思考力アップ

**Q** 昔と今では，米づくりの作業はどのように変わったか。

**A** 昔は**人の手**と**牛や馬の力**で米づくりを行っていたが，今はトラクターや田植え機，コンバインなどの**農業用機械**を利用して米づくりを行っている。

# 09 米づくりのかかえる問題

**ココ大事！**

★米の消費量《しょうひりょう》は減《へ》り続けている。

★**生産調整**は2018年にはい止され，米の生産量は生産者が決められる。

★米の輸入《ゆにゅう》が許《ゆる》され，アメリカなどから輸入されている。

## 深めるチェック　減る消費

食生活の変化などにより，米の消費量は1960年代後半から減り続けている。作付面積も減ってきているが，日本全体での米の生産量にはあまりえいきょうしていない。これは米の生産技術《せいさんぎじゅつ》が向上したからである。

☑**作付面積** … 田畑で作物を実際《じっさい》に植えている面積。

## 深めるチェック　生産調整と減反政策

米の消費量が減り始めた1960年代後半から，政府《せいふ》は米が余《あま》らないように生産量を減らすようにした。これを**生産調整（減反政策《げんたんせいさく》）**といい，**転作**により多くの水田が畑になった。生産調整は2018年にはい止され，現在《げんざい》は生産者が自由に生産量を決められるようになっている。

☑**転作** … 農地で作るものを米からほかの作物に変えること。

☑**米の買い上げ** … かつては国が一定の価格《かかく》で米を買い上げていたが，現在は自由に米を売ることができる。

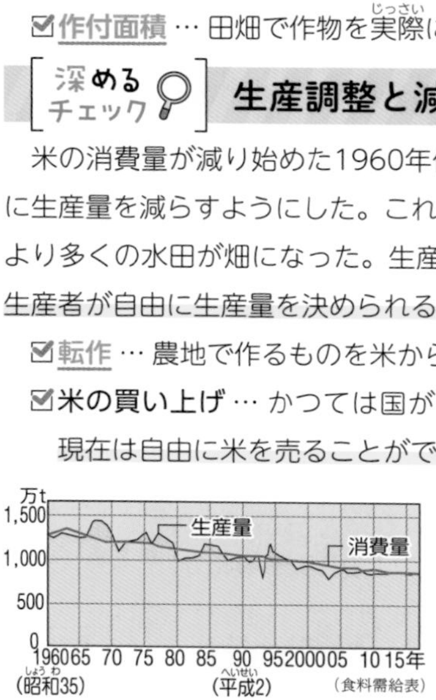


▲米の消費量と生産量の変化

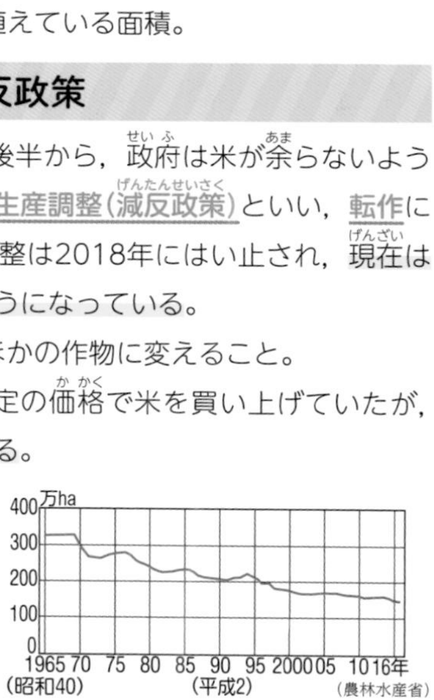


▲米の作付面積の変化

## 深めるチェック 米の輸入

日本は生産量や価格の安定のため，米の輸入を禁止していた。しかし1980年代後半から始まった国際会議で，米の輸入を認めるようになった。

☑米の輸入相手国 … アメリカ，タイ，オーストラリア，中国など。

☑輸入米の利用 … 政府が輸入している米は，加工食品の原料，飼料《しりょう》，海外へのえん助などに利用されている。

### ＋プラス＋ 米の価格

1942年からはじまった食りょう管理制度《せいど》では，日本国内で生産された米は原則として政府が買い取り，価格や流通ルートを決めていた。そのため日本の米の価格は外国に比べて高かった。食りょう管理制度は1995年にはい止され，現在は自由に価格をつけることができるようになった。米の価格には，生産に必要な費用《ひよう》，売り場にとどけるトラックなどの輸送《ゆそう》費，広告《こうこく》費用，スーパーマーケットの利益《りえき》などがふくまれている。

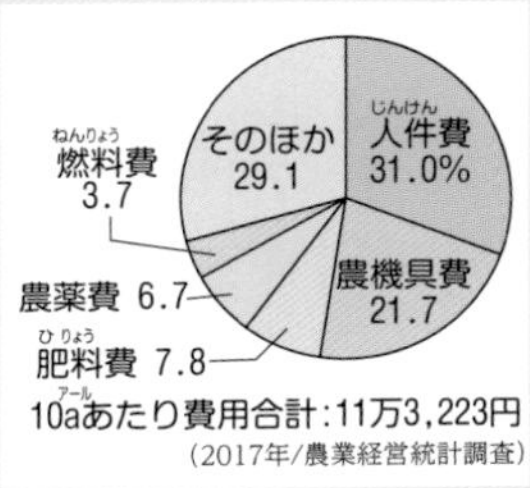


▲米の価格にふくまれている費用の例

### 思考力アップ

**Q** 米の消費量の変化により，政府や農家が行ったことは何か。

**A** 米の消費量が減って生産量を下まわり，米が余るようになったことから，政府は米の生産量を減らす**生産調整（減反政策）**を行った。農家は，この政策のもとで転作を進め，これによって，それまで米がつくられていた水田の多くが畑へと変わった。

# 10 野菜・果物づくりとちく産

**ココ大事!**

★大都市周辺では**野菜づくり**がさかんである。

★みかん，ぶどうなど，その地いきの地形や気候にあった果物がさいばいされている。

★北海道《ほっかいどう》で**牛**，鹿児島《かごしま》で**豚**《ぶた》などが飼育《しいく》されている。

## 深めるチェック 野菜づくり

大都市では野菜の消費量《しょうひりょう》が多いため，その近くで野菜がさかんにつくられている。遠くの生産地からも，多くの野菜が出荷されている。小麦などをつくる畑作も各地で行われている。

☑**保冷《ほれい》トラック**… 野菜を冷やしながら，しんせんなまま運ぶことができる。

☑**二毛作**《にもうさく》… 1年間に同じ耕地《こうち》で2種類の農作物をさいばいすること。米などおもにさいばいする農作物を表作《おもてさく》，表作が終わったあとにさいばいする小麦などの農作物を**裏作**《うらさく》という。

## 深めるチェック 果物づくり

山梨《やまなし》県の**甲府盆地**《こうふぼんち》ではなだらかなしゃ面を利用して，**ぶどう**のさいばいがさかんである。水はけのよい土地や少ない雨，昼と夜の気温差が大きいことなどが，ぶどうのさいばいに合っている。このように日本各地の地形や気候に適《てき》した果物がつくられている。

☑**みかんのさいばい**… あたたかい気候に適しており，生産量は**和歌山**《わかやま》**県**が第1位である。静岡県，愛媛県などの生産量も多い。

☑**りんごのさいばい**… すずしい気候に適しており，生産量は**青森**《あおもり》**県**が第1位である。長野県などの生産量も多い。

## 深めるチェック　ちく産

肉牛は九州地方，北海道，東北地方，乳牛《にゅうぎゅう》は北海道，関東《かんとう》地方，東北地方，豚は鹿児島県，宮崎《みやざき》県，北海道で，それぞれ多く飼育されている。

- ☑ **らく農** … 乳牛《にゅうぎゅう》を飼育し，牛乳，バター，チーズなどをつくる農業。
- ☑ **飼料《しりょう》** … 国内で使われる飼料は輸入《ゆにゅう》したものが多いため，飼料代が高くてこまっている農家もある。
- ☑ **肉用にわとり** … ブロイラーといい，宮崎県が日本第１位の飼育数である。

### プラス　たな田

山のしゃ面を階段状《かいだんじょう》にして開いた田をたな田という。急しゃ面では農業用機械が使えず，たな田の数は減《へ》ってきている。政府《せいふ》は「日本のたな田百選」をつくり，観光地としての利用も目指している。

▲たな田

### 思考力アップ

**Q** 農作物のしゅうかく量をふやすくふうとして，どんなさいばい方法があるか。

**A** 二毛作や二期作によって，１年を通して農作物の収穫ができるようにする方法。

# 11 特色ある日本各地の農業

**ココ大事!**

★地いきの気候の特色をいかした**促成《そくせい》さいばい**や**抑制《よくせい》さいばい**が日本各地で行われている。

★東京・名古屋《なごや》・大阪の周辺で**近《きん》こう農業《のうぎょう》**がさかん。

## 深めるチェック 促成さいばい

ビニールハウスや温室などを利用して，野菜の出荷時期を早めるさいばい方法を**促成さいばい**という。冬でもあたたかい地いきで，冬から春に夏の野菜を出荷する。**宮崎平野**と**高知平野**が有名である。

▲ビニールハウス

☑宮崎平野…きゅうり，ピーマンなど。

☑高知平野…きゅうり，ピーマン，なすなど。

## 深めるチェック 抑制さいばい

促成さいばいとは反対に，野菜の出荷時期をおくらせるさいばい方法を**抑制さいばい**という。夏でもすずしい地いきで，春から夏に冬の野菜を出荷する。

☑高原野菜…長野県の野《の》辺《べ》山原《やまはら》は，標高1,200m以上の高地にある。そのため夏でもすずしく，その気候を利用して**はくさい**や**キャベツ**，**レタス**などの葉物のさいばいがさかんである。このような高原でつくられた野菜を高原野菜という。

▲高原野菜のさいばいの様子

☑**電照《でんしょう》ぎく**…電球などの照明をあてて，開花時期をおくらせるきくのことで，このような生産のしかたも抑制さいばいの一種である。愛知県の**渥《あつ》美《み》半島《はんとう》**でさいばいがさかん。

## 深めるチェック 近こう農業

東京，名古屋《なごや》，大阪などの大都市は，野菜の大消費地となっている。これらの消費地向けに都市周辺で野菜をつくる農業を，近こう農業という。

東京の周辺では，千葉《ちば》，茨城《いばらき》，埼玉《さいたま》の各県でさかん。牛乳やたまごなどもつくられている。

☑**近こう農業の利点** … 都市に近いので，野菜をしんせんなまま消費地にとどけることができる。

## ＋プラス＋ 農業協同組合

農家の人たちがおたがいに助け合い，飼料《しりょう》や農具などを共同で買うなどする集まりを**農業協同組合**（農協・JA《ジェイエー》）という。全国各地に支《し》店《てん》があり，農産物の出荷，資金《しきん》の貸《か》し付け，農業用機械や肥料《ひりょう》のはん売《ばい》をしている。

| 仕事の名前 | 主な仕事 |
|---|---|
| 指導事業《しどうじぎょう》 | 農産物のつくり方や売り方などを農家の人たちに教える。 |
| 販売事業《はんばいじぎょう》 | 農作物を集め，農家の人たちが有利になるねだんではん売する。 |
| 購買事業《こうばいじぎょう》 | 肥料や農薬などをまとめて仕入れて，農家の人たちに良いものを安くはん売する。 |
| 信用事業《しんようじぎょう》 | 農家の人たちなどからあずかったお金を必要な時に出したり貸《か》したりする。 |
| 共済事業《きょうさいじぎょう》 | お金を出し合って，病気・事故《じこ》・災害《さいがい》などの時に使えるようにする。 |

▲農業協同組合（JA）の活動の様子

## 思考力アップ

**Q** 促成さいばいと抑制さいばいのちがいは何か。

**A** 促成さいばいは農作物の出荷時期を早め，抑制さいばいは出荷時期をおくらせる。促成さいばいは冬から春に夏野菜を，抑制さいばいは春から夏に冬の野菜を出荷する。**出荷時期をずらす**ことで，通常《つうじょう》の価格《かかく》より高く売ることができる。

# 12 これからの農業

**ココ大事!**

★日本の農家の多くは兼業農《けんぎょうのう》家《か》である。

★働く人の高《こう》れい化《か》が問題である。

★世界ではさまざまな農業が行われている。

## 深めるチェック 農家の種類

日本の農家には，自分たちで食べる分の農作物をつくっている**自給的農家**と，販売《はんばい》を目的として農作物をつくっている**販売農家**がある。さらに販売農家は専業農《せんぎょうのう》家《か》と兼業《けんぎょう》農家の２つに分けることができる。

☑**専業農家** … 農業だけで生活をしている販売農家。

☑**兼業農家** … 農業以外の仕事もしている販売農家。日本では兼業農家の割合《わりあい》が高い。

## 深めるチェック 日本の農業の課題

日本の耕地《こうち》面積は外国の耕地面積と比《くら》べるとせまいため，農家の人々《ひとびと》はより多くのしゅう入をあげるくふうをしている。例えば，多くの人手をかけ，たくさんの肥料《ひりょう》・農薬などを使っている。そのためしゅうかく量《りょう》は多いが農産物の価格《かかく》が高く，外国からの輸入《ゆにゅう》作物に対《たい》こうするのがむずかしい。

☑**農業で働く人の高れい化** … 最近は農業で働く人が減《へ》ってきており，高れい化が進んでいる。また後けい者が見つからず，農家をやめる離農《りのう》も増《ふ》えてきている。一部の農家では離農した農家の田畑も耕作《こうさく》している。

▲農業で働く人の変化

## 深めるチェック　世界の農業

日本の主食は米であるが，ヨーロッパやアメリカは主食である小麦(パンの原料)のさいばいがさかんである。地中海周辺では夏はかんそうするため，トマトやオリーブ，ぶどうなどのさいばいが行われている。それらを使ったオリーブオイルやワインは日本にも輸出《ゆしゅつ》されている。

☑混合農業《こんごうのうぎょう》…農作物のさいばいと動物の飼育《しいく》を組み合わせておこなう農業。ヨーロッパでは，農作物は小麦，動物はぶたや牛が育てられていることが多い。

☑プランテーション…東南アジアやアフリカで見られる大農園。

### ＋プラス＋　食の安全

私たちが毎日食べる食品が必ず安全であるとは限《かぎ》らない。食品の消費期限《しょうひきげん》が切れていたり，衛生状態《えいせいじょうたい》がよくなかったりすると，食中《しょくちゅう》毒《どく》になって健康に大きなえいきょうをあたえる場合があるため，「食の安全」という表現《ひょうげん》で，注意をしている。

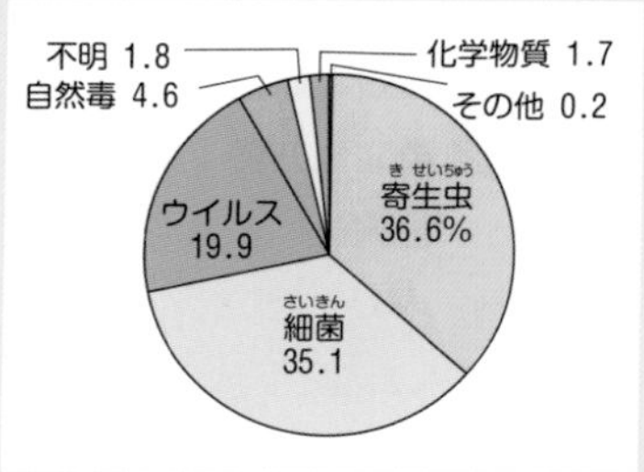

▲食中毒の原因

### 思考力アップ

**Q** これからの日本の農業に必要なことは何か。

**A** 農業で働く人の高れい化や，後けい者が見つからず農家をやめる離農が増えてきているため，わかい人がこれからの農業を支《ささ》えていく必要がある。

# 13 日本の水産業

**ココ大事!**

★**親潮《おやしお》と黒潮《くろしお》がぶつかる潮目《しおめ》はとれる魚の種類が多い。**

★**沿岸漁業《えんがんぎょぎょう》，沖合《おきあい》漁業，遠洋《えんよう》漁業，養《よう》しょく漁業，さいばい漁業などの漁業がある。**

## 深めるチェック　日本の水産業の特ちょう

日本列島の周りに広がる水深200mぐらいまでの浅い海底を大陸だなという。大陸だなには太陽の光がとどきやすいので，魚のエサとなるプランクトンや海そうが豊富《ほうふ》である。そのため，日本近海はよい漁場となっている。

☑**潮目** … 太平洋《たいへいよう》側に流れる寒流《かんりゅう》の親潮《おやしお》(千島《ちしま》海流)と暖流《だんりゅう》の黒潮《くろしお》(日本海流)が出合う所。さまざまな種類の魚が集まるため，潮目がある東北地方の太平洋側の沖合《おきあい》は漁かく量が多い。

☑**日本近海の魚** … まぐろ，ぶり，たい，さけ，さば，かつお，さんまなど。

▲日本の近海の海流

## 深めるチェック　漁業の種類

漁業は，漁《りょう》に出かける期間や場所，船の大きさなどで分けられる。

☑**沿岸漁業** … 小型船《こがたせん》を使い，日帰りで帰ってくる漁業。

☑**沖合漁業** … 中型船を使い，数日かかってでかける漁業。

☑**遠洋漁業** … 大型船を使い，数か月をかけて魚をとる漁業。

## 深めるチェック 養しょく漁業とさいばい漁業

環境《かんきょう》の変化などで漁かく量が大きく減《へ》ったため，安定した魚の供給《きょうきゅう》のための研究がおこなわれている。現在《げんざい》は人間の手で育てる漁業が注目され，海の環境を改ぜんする取り組みなども進められている。

☑ **養しょく**漁業 … 水産物を大きくなるまで人間の手で育てる漁業。**いけす**で**のり**や**かき**，**たい**や**はまち**を育てている。水あげされた水産物はそのまま**漁港**で箱づめされ，**冷とうトラック**で各地に運ばれる。

☑ **さいばい**漁業 … たまごをふ化させて，ある程度《ていど》大きくなったら海や川などの自然に放流する漁業。**たい**や**さけ**などが育てられている。

▲いけすから魚をとる様子

### ＋プラス＋ 水あげ量

日本最大の水あげ量がある港は千葉《ちば》県の**銚子港**《ちょうしこう》で，焼津《やいづ》や釧《くし》路《ろ》，境《さかい》，八戸《はちのへ》なども多い。




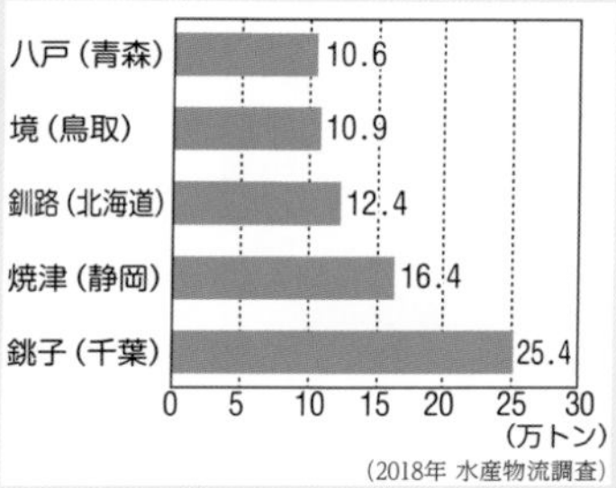

▲日本で水あげ量が多い港

### 思考力アップ

**Q** 日本の漁業は，どのように分類できるか。

**A** 漁に出かける，**沿岸**漁業，**沖合**漁業，**遠洋**漁業と，育てて出荷《しゅっか》・漁かくする**養しょく**漁業，**さいばい**漁業に分類できる。

# 14 これからの水産業

**ココ大事!**

- ★水産物の生産には，さまざまな人々が関わっている。
- ★日本の漁かく量は年々《ねんねん》減《へ》り続けている。
- ★排他的経済水域《はいたてきけいざいすいいき》などのえいきょうで遠洋漁業《えんようぎょぎょう》の漁かく量は特に減っている。

## 深めるチェック　漁業にじゅう事する人

水産物の生産に関わる人々は，魚をとる漁師《りょうし》だけではない。漁師がとった魚を漁港に運ぶと，それを箱づめする加工工場で働く人がいる。またその箱づめされた魚をトラックで全国各地にとどける人もいる。このように多くの人たちの努力によって，私たちの所に魚がとどいている。

▲魚をとる漁師

▲加工工場の様子

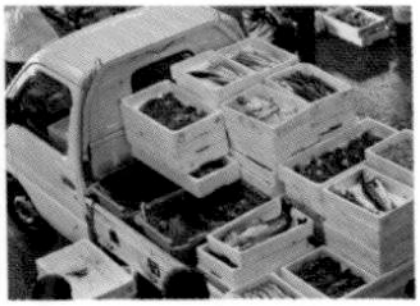
▲トラックで運ぶ様子

## 深めるチェック　漁かく量の変化

日本の漁かく量は年々減り続けている。これは**遠洋漁業**で遠くまで行けなくなったことや，沿岸漁業《えんがん》，沖合漁業《おきあい》でとれる魚が減ったことが原因《げんいん》である。

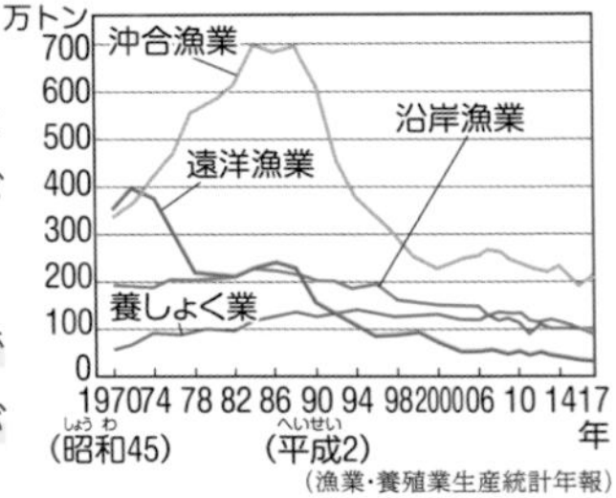

(漁業・養殖業生産統計年報)
▲日本の漁業生産量

☑漁かく量が減った理由 … 自然の海では海水温の変化で，さんまなどの魚がとれる量や場所が変わってきた。

そのため，沿岸漁業と沖合漁業の漁かく量が減るなどのえいきょうが出た。

## 深めるチェック　せまくなる漁場

遠洋漁業の漁かく量が減ったのは，排他的経済水域が設定《せってい》されたことと，船を動かす石油のねだんが上がったことがおもな理由である。

☑**排他的経済水域** … 200海里《かいり》以内は沿岸国がゆう先的に使える。以前は他国の200海里以内でも遠洋漁業を行っていたが，他国が排他的経済水域を設定したことで，漁業ができるはん囲《い》がせまくなった。

☑石油危機《せきゆきき》 … 1973年に石油のねだんが大きく上がり，遠方まででかける遠洋漁業の大型船《おおがたせん》にえいきょうが出た。

### プラス　北方領土の漁業

北方領土《ほっぽうりょうど》の周辺は魚がとても多い漁場である。日本はロシアと取り決めを結んで漁業をしているが，２国間の関係に左右されるところも大きいなど問題も多い。

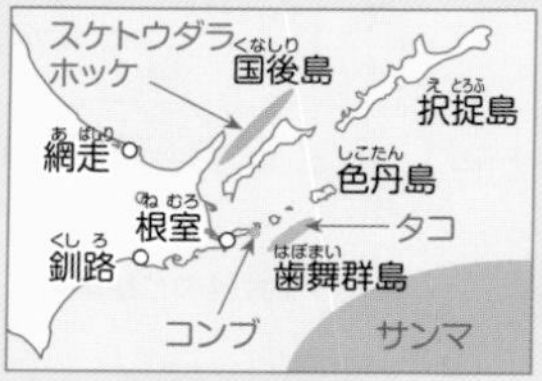


▲北方領土付近の漁業

▲北海道から見た北方領土

### 思考力アップ

**Q** 日本の遠洋漁業が減ったおもな理由は，何が設定されたからか。

**A** **排他的経済水域**が設定されたから。日本の船は，外国の近くの海まで行って遠洋漁業をしていたが，**排他的経済水域**が設定されたため，他国の沿岸200海里以内の海では，自由に漁業をすることができなくなった。

# 15 これからの食料生産

**ココ大事!**

★日本の**食料《しょくりょう》自《じ》給率《きゅうりつ》**は下がってきている。

★小麦と大豆は，ほぼ輸入《ゆにゅう》にたよっている。

★**地産地消《ちさんちしょう》**で地いきの食料を使うことが大事である。

## 深めるチェック 食料自給率

日本の国民が１年間で消費《しょうひ》する食料を，日本の国内でどれだけ生産されているかを表すのが**食料自給率**である。日本の食料自給率は年々下がってきている。

☑**米**の自給率 … 97％で，ほぼ国内生産で自給できている。

☑小麦や大豆の自給率 … 小麦の自給率が12％，大豆の自給率が６％で，多くを輸入にたよっている。

☑その他の自給率 … 果物の自給率は38％，肉類の自給率は51％で，国内生産では足りない分を輸入にたよっている(2018年度)。

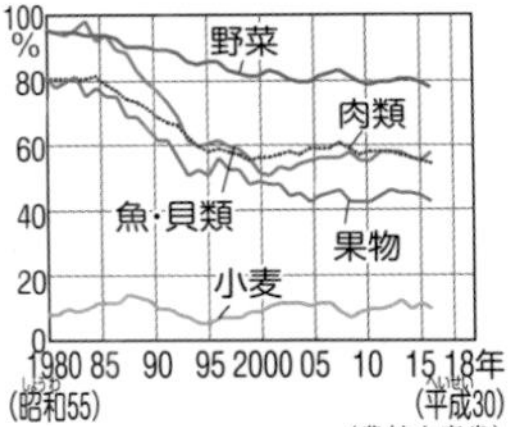


（農林水産省）

▲おもな食料の自給率の変化

## 深めるチェック 食料の輸入

日本の食料自給率は年々下がってきており，食料の多くは輸入にたよっている。輸入された食料はねだんが安いが，国内産の食料はねだんが高いため，国内の生産者は，ねだんの面で外国産と競うのがむずかしい。

☑**えび**の養しょく … えびはそのほとんどを輸入にたよっている。東南アジアのマレーシアでは，日本に輸出するためのえびの養しょく地にするために**マングローブ**の林が切り開かれており，自然環境《かんきょう》の破《は》かいが問題となっている。

## 深めるチェック　これからの食料生産

食料を輸入にたよりすぎると，相手国で事故《じこ》や自然災害《しぜんさいがい》が起きた場合，輸入が止まる可能性《かのうせい》がある。まずは日本の食料自給率を上げていくことが求められるが，そのために無理のある開発などをせずに環境を守っていくことも大切である。

☑**地産地消**…その地いきでとれた食料を，その地いきで消費《しょうひ》しようとする考え方。地元でとれた食料なので安心して食べることができる。

### プラス　トレーサビリティ

食料などの生産から消費まで，取りあつかった記録を作成・保《ほ》ぞんしておくことをトレーサビリティという。もし食中毒《しょくちゅうどく》などが発生した場合，問題のある食料がどこから来て，どこに行ったのかを調べることができるので，原因を特定したり対さくを講《こう》じたりするために必要である。

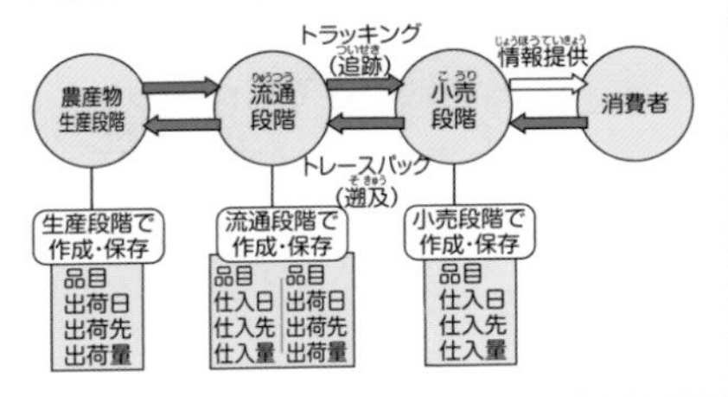

▲農作物のトレーサビリティのしくみ

### 思考力アップ

**Q** 食料自給率を上げるには何をすることが必要か。

**A** 小麦や大豆の食料自給率は10％前後であり，そのほとんどを輸入にたよっている。食料の輸入を続けながら，国内の生産量を増やしていくことが必要である。

# 16 日本の工業の特色

**ココ大事!**

★日本の工業は**軽工業**，**重化学工業**の順に発展《はってん》した。

★各地に古くから伝わる**伝統工業《でんとうこうぎょう》**がある。

★重化学工業は**重工業**と**化学工業**をあわせたもので，
**石油化学コンビナート**は**パイプライン**でつながる。

## 深める チェック　日本の工業の特ちょう

日本の工業は，以前は軽工業がさかんであったが，現在は重化学工業が中心となっている。

- ☑**軽工業**…製糸《せいし》，綿織物《めんおりもの》の**せんい工業**など。
- ☑**重化学工業**…1950年代後半からさかんになった。**鉄鋼《てっこう》業**や**機械工業**，**化学工業**など。
- ☑**伝統工業**…各地いきで古くから伝わってきた産業。農作業ができない冬の間の副業から発展したものが多い。陶磁器《とうじき》(焼き物)や漆器《しっき》(塗《ぬ》り物《もの》)など，現在《げんざい》も多くの**伝統的工芸品《でんとうてきこうげいひん》**があるが，後けい者不足などの問題がある。

▲伝統的工芸品

## 深める チェック　日本の軽工業

日本の近代工業は，明治時代初期，群馬県の富岡《とみおか》製糸場(製糸業)などを中心とする軽工業から始まった。

- ☑**せんい工業**…生糸を製造《せいぞう》する製糸，綿，化学せんいなどの糸を製造するぼう績《せき》，せんいの糸から織物を製造する織物業など。
- ☑**食品工業**…農産物や水産物を原料として食品をつくる工業。乳製品《にゅうせいひん》，パン，菓子《かし》などをつくる。

## 深めるチェック 日本の重化学工業

1950年代後半以こう，日本は高度経済成長期《こうどけいざいせいちょうき》とよばれる経済発てんが続く時期となり，それと同時に重化学工業が発達した。

☑**重化学工業** … 鉄鋼《てっこう》や機械など重いものをつくる重工業と，石油や石炭を使う化学工業を合わせたもの。

☑**製鉄所《せいてつじょ》** … 自動車や建物などの材料となる鉄鋼を生産する。

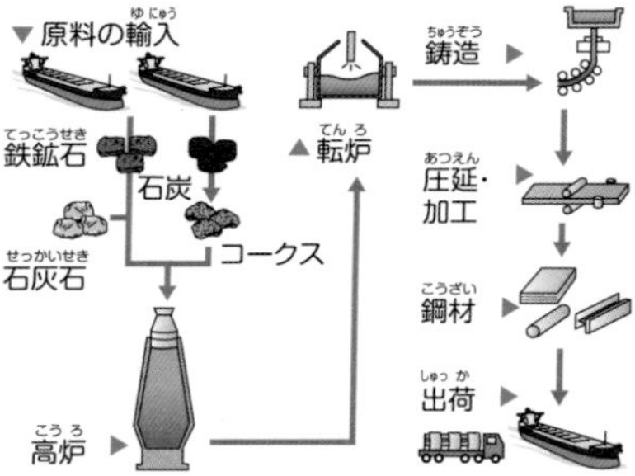

▲鉄鋼ができるまで

☑**石油化学コンビナート** … 石油製品や化学工業の原料を生産する。パイプラインで工場と工場がつながっている。

### プラス 中小工場

中小工場とは，働く人が300人未満の工場のことをいう。約40万ある日本の工場のうち，ほぼ99％が中小工場である。

| 大工場 | 中小工場 |
| --- | --- |
| 働く人300人以上 | 働く人1～299人 |
| 自動車工場<br>化学工場<br>電化製品工場など | 部品工場<br>食品工場<br>せんい工場など |

▲大工場と中小工場のちがい

### 思考力アップ

**Q** 日本の近代工業は高度経済成長期をさかいにどのように変わったか。

**A** かつてはせんい工業を中心とする軽工業がさかんだったが，現在は鉄鋼や機械製品や，石油化学製品の製造を中心とする重化学工業がさかん。

# 17 自動車をつくる工業

**ココ大事！**

★自動車工場では**ライン**にそって作業をしている。
★人間にかわって**産業用ロボット**が作業をおこなうこともある。
★買う人の**ニーズ**にあわせた新製品《しんせいひん》がつくられている。

## 深めるチェック 自動車を生産する

自動車工場では，**ライン**にそって人やロボットが作業をおこなっている。**ベルトコンベヤー**に車体を乗せ，**流れ作業**で，さまざまな作業をおこなう。

１台の自動車をつくるには，何万個《こ》もの部品が必要となる。これらの部品は，**関連工場**でつくられ，組み立て工場に納《おさ》められる。

☑**ライン** … 自動車がつくられていく流れ。一定の速さで進むライン上で，分たんして作業がおこなわれる。

☑**関連工場** … 大きな部品や小さな部品が，それぞれの関連工場でつくられる。組み立て工場は，これらの関連工場に支えられている。

## 深めるチェック 自動車づくりをくふうする

自動車工場では働く人が作業をしやすいように，いろいろなくふうがされている。これは安全に自動車を完成させるためである。

☑**産業用ロボット** … 重い部品を運んだり，取り付けたりするときはロボットを使用する。

☑**働きやすい環境《かんきょう》** … 働く人は決まった時間に休けいをとる。工場では冷だんぼうを入れ，空気をきれいにしている。これによりミスを防《ふせ》ぐことができる。

## 深めるチェック　これからの自動車づくり

自動車会社では，自動車の利用者のニーズに注目し，新しい機能《きのう》を考え，実現《じつげん》するための努力をしている。

- ☑ニーズ … 利用者が商品に望んでいること。
- ☑**ハイブリッド車** … ガソリンと電気の両方を使って走る自動車。
- ☑**燃料《ねんりょう》電池《でんち》自動車《じどうしゃ》** … 水素《すいそ》と酸素《さんそ》から電気をつくり，自動車を走らせる。
- ☑**自動運転車** … 人が運転しなくても，自動で道を走る自動車。
- ☑**ユニバーサルデザイン** … 年れいや性別《せいべつ》，しょうがいのあるなしにかかわらず，だれにでも使いやすいデザインをつくろうとする考え方。

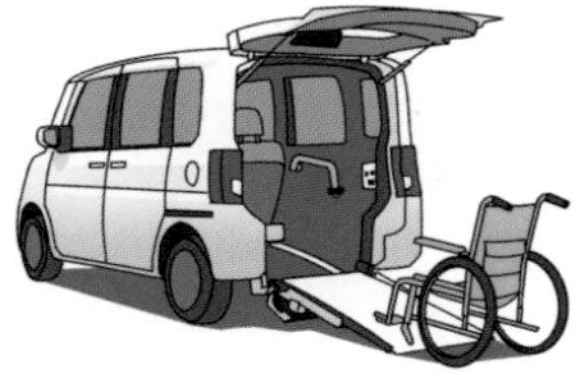

▲ユニバーサルデザインをとりいれた自動車

### ＋プラス＋　海外生産

海外で自動車を生産すると，その国の人がやとわれて現地《げんち》の材料や部品が使われるので，工業の発てんを支《ささ》えることになり，貿易《ぼうえき》まさつなどを起こしにくい。一方で，工場が海外に移転《いてん》することで，日本国内の産業がすいたいしてしまうなどの問題もある。

### 思考力アップ

**Q** 自動車を海外生産するとき，相手の国にとっての利点は何か。

**A** 自動車を海外で生産するには，その国の人をたくさんやとう必要がある。また，材料や部品なども**現地のもの**を使うので，その国の工業，経済《けいざい》の発てんにつながる利点がある。

# 18 自動車ができるまで

**ココ大事！**

★鉄板をプレスして，自動車の車体をつくる。

★部品をよう接《せつ》してつなげる。

★車体を洗ってとそうする。

★組み立てたあと，検査《けんさ》を行って出荷する。

## 自動車ができるまで

### ① プレス

鉄板を打ちぬいたり曲げたりして，ドアや屋根などをつくる。

### ③ とそう

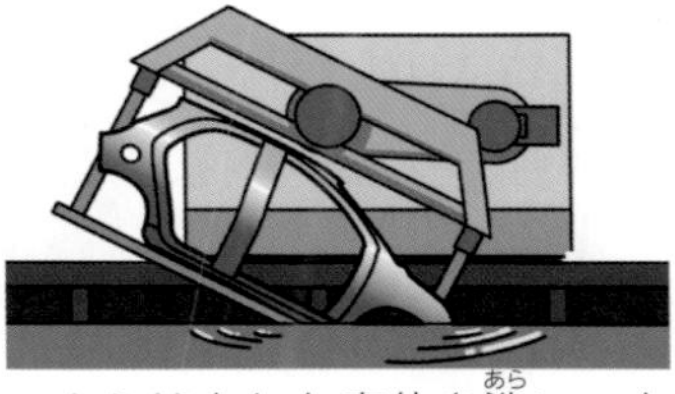

よう接された車体を洗《あら》い，さまざまな色にぬり分けていく。

① プレス ＞ ② よう接 ＞ ③ とそう

### ② よう接

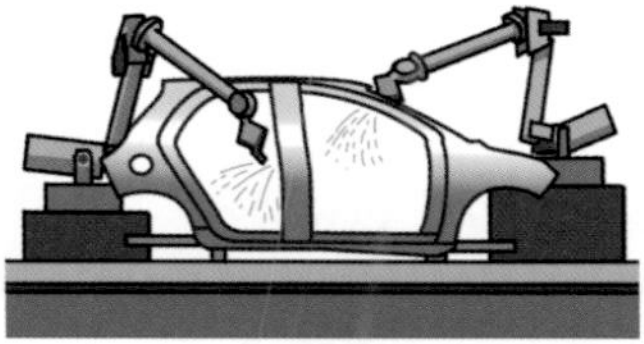

プレスでできた部品を，ロボットが熱でとかしてつなげ，車体に仕上げていく。

## ＋プラス＋ ジャスト・イン・タイム方式

ジャスト・イン・タイム方式は，自動車の組み立てや修理《しゅうり》に必要な部品を，必要な時こくまでに，必要な数と種類を，組み立て工場にとどける生産方法。トヨタ自動車が考えたしくみ。

## 思考力アップ

**Q** 自動車をつくる作業の工程《こうてい》はどのような流れか。

**A** ほとんどの自動車は流れ作業でつくられている。鉄板をプレスしたあとによう接をし，車体のとそうをする。部品を組み立てたあと，人間によって検査が行われる。部品はジャスト・イン・タイム方式でとどけられるのでムダが出ない。

### ⑤ 検査

ブレーキや水もれなどさまざまな**検査**をおこなう。

④ 組み立て → ⑤ 検査 → ⑥ 出荷

### ④ 組み立て

フロントガラスやエンジン，タイヤ，シートなどの**部品**が取り付けられていく。

### ⑥ 出荷

検査に合格した自動車だけが出荷されていく。

# 19 工業のさかんな地いき

**ココ大事!**

★太平洋ベルトに工業地帯・工業地いきが集中している。
★京浜《けいひん》工業地帯は出版《しゅっぱん》・印刷業の割合《わりあい》が高い。
★中京《ちゅうきょう》工業地帯は自動車工業がさかんである。

## 深めるチェック 工業地帯と工業地いき

工場が特に多く集まっているところを工業地帯といい，京浜工業地帯，中京工業地帯，阪神工業地帯，北九州工業地帯が四大工業地帯とよばれた。工業地帯以外の，工場が多く集まり，工業がさかんなところは工業地いきとよぶ。工業地帯，地いきの多くは，関東地方南部から九州地方にかけての太平洋ベルトに集中している。

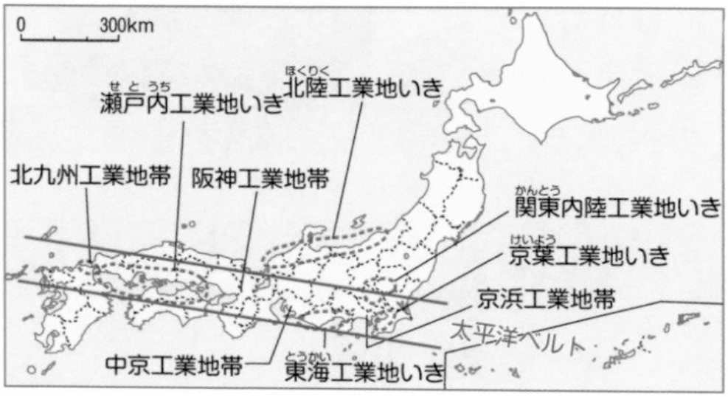

▲日本の工業のさかんな地いき

## 深めるチェック 工業地帯

北九州工業地帯は，かつては四大工業地帯の１つであったが，生産額《せいさんがく》が下がってきたため，北九州工業地いきとよぶ場合もある。

☑京浜工業地帯…東京は出版社が多いため，出版・印刷業の割合が多い。
☑中京工業地帯…名古屋を中心とし，自動車工業がさかん。
☑阪神工業地帯…すぐれた技術をもつ中小工場が多く見られる。

## 深めるチェック　工業地いき

工業地帯・工業地いきの多くは船で原料が輸入《ゆにゅう》しやすく，製品《せいひん》を輸出《ゆしゅつ》しやすいように臨海部《りんかいぶ》で発展してきた。高速道路の発達により，内陸部にも広がっている。

- ☑ **瀬戸内工業地いき** … 石油化学コンビナートがあり，化学工業がさかん。
- ☑ **関東内陸工業地いき** … **内陸部**にあり，製品を高速道路などで運ぶ。
- ☑ **東海《とうかい》工業地いき** … 楽器やオートバイの生産がさかん。

## プラス　工業生産額

工業生産額は，自動車生産がさかんな中京工業地帯が最も多い。また，中京工業地帯では，機械工業の割合が特に高くなっている。

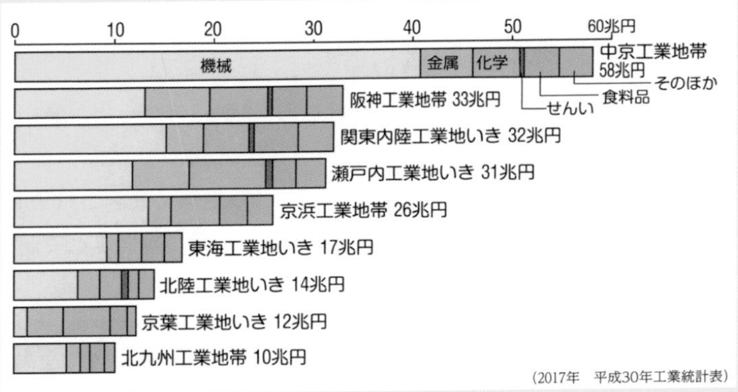


▲工業地帯・工業地いきの工業生産額

## 思考力アップ

**Q** 工業地帯・工業地いきが臨海部に多いのはなぜか。

**A** 船で原料を輸入し，製品を輸出するのに便利だから。なお，現在では，内陸部の高速道路ぞいなどに多くの工場が進出しており，原料や製品がトラックで運ばれている。

# 20 わたしたちの生活と情報①

**ココ大事!**

★情報《じょうほう》はわたしたちの生活に必要なものである。
★ニュース番組は情報をわかりやすく正確《せいかく》に伝える。

## 深めるチェック 生活と情報

わたしたちが生活をしていくうえで，さまざまな情報が必要である。政《せい》治《じ》のこと，経済《けいざい》のこと，明《あ》日《す》の天気など。これらの情報を発信するのがメディアである。

☑メディア … さまざまな方法で情報を記録・伝達する手だん。

## 深めるチェック テレビ放送

日本で本格的《ほんかくてき》に**テレビ放送**が開始されたのが1953年だった。最初は画面が白黒放送だったが，1960年からはカラー放送が始まった。

日本のテレビ放送には，しちょう者がはらう受信料で運営《うんえい》されるNHK（日本放送協会）と，コマーシャルを放送して得られる広告料《こうこくりょう》などで運営される民間放送がある。

☑放送局 … さまざまなテレビ番組を制作《せいさく》し，放送している。

☑**ニュース番組** … 記者やカメラマンたちが国内や海外の情報を集めてきて伝える番組。

☑**ニュース番組のつくりかた** … 記者たちが取材をし，その情報をどう伝えるか，編集責任者《へんしゅうせきにんしゃ》を中心に打ち合わせをする。取材で集めた情報を編集し，放送（本番）をする。

☑アナウンサー … ニュース番組で，情報をわかりやすく，正確に伝える。

▲白黒放送の様子

▲ニュース番組の様子

## 深めるチェック　ラジオ放送

音声だけで報道《ほうどう》，音楽などの番組を放送するのが**ラジオ放送**である。日本でラジオ放送が開始されたのは1925年だった。電波のちがいにより，AM 放送と FM 放送に分けられる。

☑**コミュニティ放送**…都道府県よりせまい地いきで放送する。地いきにみっ着した番組が多く，災害時《さいがいじ》には被害《ひがい》情報や避難《ひなん》情報などを放送する。

### プラス　マスメディア

情報を発信するメディアのなかでも，一度にたくさんの人に大量の情報を伝えるメディアを**マスメディア**という。**テレビ**，**ラジオ**，**新聞**，**雑誌《ざっし》**などがマスメディアの代表とされる。

| 利用したメディア | 人数（100人当たり） |
|---|---|
| テレビ | 84人 |
| インターネット（ニュースサイト） | 54人 |
| 新聞 | 39人 |
| インターネット（ソーシャルメディア） | 26人 |
| ラジオ | 13人 |
| 雑誌 | 5人 |

（2020年総務省）

▲ニュースを得《え》るときのメディア

### 思考力アップ

**Q** 情報を受けとる手だんである放送には，どのような種類があるか。

**A** 多くの人が利用する**テレビ放送**や，音声だけで情報を発信する**ラジオ放送**，地いきにみっ着した番組が多いコミュニティ放送などがある。

# 21 わたしたちの生活と情報②

**ココ大事!**

★**インターネットは全世界を結ぶ通信もうである。**

★**新聞は日本や世界のできごとをくわしい記事にする。**

★**情報通信《じょうほうつうしん》技《ぎ》術《じゅつ》(ICT)が活用されている。**

## 深めるチェック インターネット

インターネットは世界中のコンピューターを結んだ通信もうである。パソコンやスマートフォンなどからつながることができ，さまざまな情報を得られる。また，インターネットでは情報を受け取るだけではなく，個人《こじん》が自由に情報を発信することもできる。

☑**情報ネットワーク**… 多くの情報機器をつなぎ，情報のやりとりをするしくみ。**電子カルテ**によって，病院やしんりょう所がかん者の情報を共有するしくみなどが見られる。

## 深めるチェック 新聞

新聞社は，日本や世界で起きたできごとの情報を集め，記事にして新聞にする。テレビのニュースとちがってえい像《ぞう》や音声がない一方，情報をよりくわしく説明することができる。また，持ち運びや保《ほ》ぞんがしやすいという利点がある。

▲レイアウトの様子

☑**新聞ができるまで**… テレビのニュースと同じように取材や編集会《へんしゅうかい》議《ぎ》をして，記事をレイアウトしていく。紙面を何度も読み通して，まちがいがないかを確《かく》にんする**校えつ**をしたあと，新聞を印刷し，各家庭に配達するために各地のはん売《ばい》店に運ぶ。

▲校えつの様子

## 深めるチェック　情報を利用する

インターネットを利用して情報のやりとりをする**情報通信技術（ICT）**が発達し，わたしたちのくらしに活用されている。

- ☑ **電子マネー** … **ICカード**やけい帯たん末で，お店での支《し》はらいや，駅で改札を通るときの運ちんの精算《せいさん》などができる。
- ☑ **POSシステム** … 売れた商品の日時や数量などがコンピューターに保ぞんされ，商品をむだにすることなく仕入れをすることができるしくみ。コンビニエンスストアなど多くのお店で使われている。

### プラス　メディアリテラシー

インターネットや情報機器の発達で，わたしたちはメディアからさまざまな情報を受け取ることができる。しかし，その中にはまちがった情報などもあるため，これからは**正しい情報を選んで活用する力**（**メディアリテラシー**）が必要である。

▲情報通信技術を利用するときの不安な例

### 思考力アップ

**Q** 情報通信技術（ICT）は，お店や駅などで何に活用されているか。

**A** **情報通信技術（ICT）**は，お店での支はらいや駅で改札を通るときの運ちんの精算，在庫管理《ざいこかんり》，運輸《うんゆ》での荷物の追せき，観光業での予約システムなど，さまざまな場面で活用されている。

# 22 世界と日本の貿易

**ココ大事！**

★日本は加工貿易《かこうぼうえき》をさかんにおこなってきた。
★日本の輸出品《ゆしゅつひん》は工業製品《こうぎょうせいひん》が多い。
★日本の輸入品《ゆにゅうひん》は工業製品のほか，燃料《ねんりょう》や原料が多い。

## 深めるチェック 日本の貿易の特ちょう

貿易とは，国と国との間で品物を売り買いすることである。天然資源《しげん》が少ない日本は，燃料や原料(石油，石炭，鉄鉱石《てっこうせき》など)を輸入し，それを国内で加工して，その製品を世界各国に輸出する加工貿易によって発てんしてきた。

▲石油を運ぶタンカー

☑**輸出**と**輸入**… 品物を海外に売り出すのが輸出，買い入れるのが輸入である。

☑**タンカー**… 全長が300mをこえる，きょ大な輸《ゆ》送船《そうせん》。外国から日本に**石油**を運ぶ。

☑**コンテナ**… 品物を輸送するときに使う大型《おおがた》の容器《ようき》。

## 深めるチェック 日本の輸出品

日本は，自動車や自動車部品などの工業製品を多く輸出している。またICなどの電子部品や電気機器も輸出されており，これらは日本の高い技《ぎ》術力《じゅつりょく》で生産されているため，外国での信用も高い。

| おもな輸出品 | 日本の輸出額 | 輸出相手国 | | |
|---|---|---|---|---|
| | | 1位 | 2位 | 3位 |
| 自動車 | 12.3兆円 | アメリカ | オーストラリア | 中国 |
| 電子部品 | 4.1兆円 | 中国 | 台湾 | 香港 |
| 自動車部品 | 3.9兆円 | アメリカ | 中国 | タイ |
| 鉄鋼 | 3.4兆円 | 中国 | タイ | 韓国 |

▲日本の主な製品の輸出相手先　（2018年　財務省統計）

## 深めるチェック 日本の輸入品

日本国内で入手することがむずかしい原油やガスなどの燃料・原料を，外国からの輸入にたよっている。また昔と比《くら》べて工業製品の輸入も増《ふ》えている。

☑日本の最大貿易相手国 … 現在は中国が最大の貿易相手国である。

☑日本の石油輸入相手先 … サウジアラビアがもっとも多い。

| おもな輸入品 | 日本の輸入額 | 輸入相手国 | | |
|---|---|---|---|---|
| | | 1位 | 2位 | 3位 |
| 石油 | 8.9兆円 | サウジアラビア | アラブ首長国連邦 | カタール |
| 天然ガス | 4.7兆円 | オーストラリア | マレーシア | カタール |
| 石炭 | 2.8兆円 | オーストラリア | インドネシア | ロシア |
| 小麦 | 1.8億円 | アメリカ | カナダ | オーストラリア |

(2018年　財務省統計)

▲日本の主な輸入品の輸入相手先

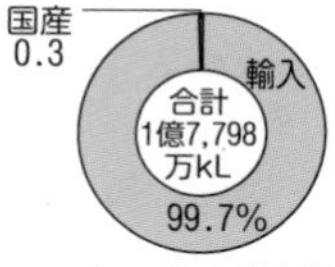


(2020年 経済産業省)

▲石油の輸入わりあい

### プラス 貿易をめぐる問題

輸出と輸入のバランスがくずれ，貿易をしている2か国の間でどちらか一方だけがもうかってしまう問題を貿易まさつという。

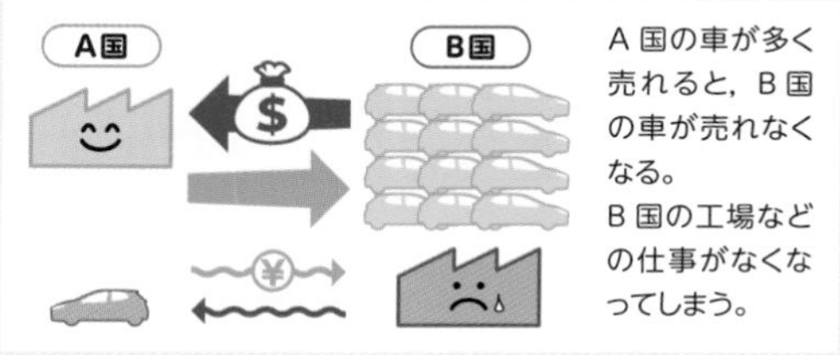


▲貿易まさつ

### 思考力アップ

**Q** 天然資源が少ない日本は，どのような貿易をおこなってきたか。

**A** 燃料や石油，石炭，鉄鉱石などの原料を輸入し，それらを製品化して，外国に輸出する加工貿易をおこなってきた。

# 23 くらしをささえる運輸

**ココ大事!**

★人や物を運ぶことを運輸《うんゆ》という。
★自動車による輸送《ゆそう》は高速道路を利用できる。
★船による輸送は時間がかかるが，費用《ひよう》は安い。

## 深めるチェック 陸上輸送

人や物を運ぶことを運輸という。陸上輸送は**鉄道による輸送**と**自動車による輸送**の２つに分けられる。国内の輸送手だんのなかでは，**自動車による輸送**がもっとも多い。

▲貨物列車で運ぶ

☑**鉄道による輸送** … 決まった時間に，安く，そして大量に人や物を運ぶことができる。線路があるところにしか行けないが，二酸化炭素《にさんかたんそ》のはい出量は少ない。

▲トラックで運ぶ

☑**自動車による輸送** … 出発地から目的地まで直接《ちょくせつ》運べる。高速道路が整備《せいび》されたことで，野菜や果物といった農産物や水産物を，保冷《ほれい》トラックで新せんなうちに運べる。

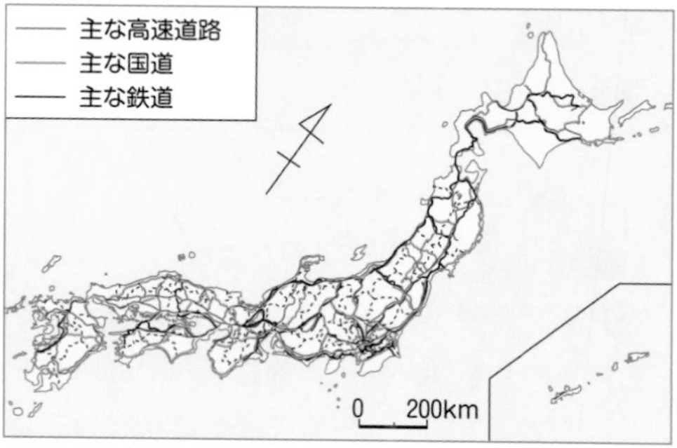


▲日本の主な陸上輸送ルート

## 深めるチェック　航空輸送と海上輸送

航空機は遠い場所へ早く輸送ができるため，国内や海外への人の移動《いどう》に使われてきたが，最近はIC，カメラ，医薬品など高価《こうか》で軽い製品や，新せんな状態《じょうたい》で運ぶ必要がある食料品などの輸送も増《ふ》えている。

日本は海に囲《かこ》まれているため，国外との運輸の多くは船で行われている。船は一度に大量の荷物を運ぶことができるため，製品《せいひん》や原料，原油などの燃料《ねんりょう》の輸送に使われる。

☑ **海上輸送にかかる費用** … 航空機《こうくうき》と比《くら》べると時間がかかってしまうが，費用を安くおさえることができる。

### ＋プラス＋　運輸と環境問題

自動車や航空機による輸送は二酸化炭素を多く出すため，環境《かんきょう》にやさしい船や鉄道を利用しようとするモーダルシフトの動きが出てきている。

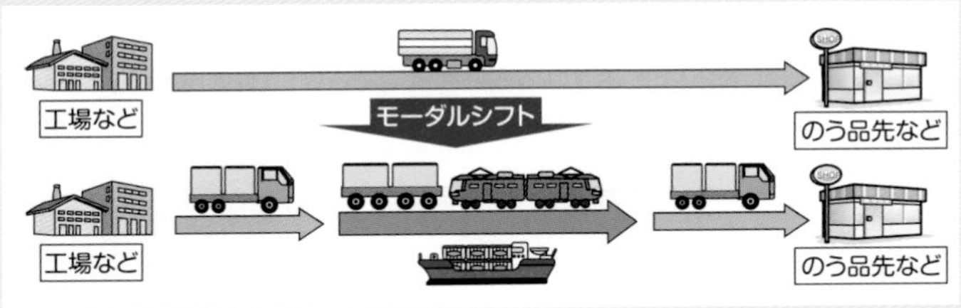


▲モーダルシフトのようす

### 思考力アップ

**Q** 航空機による輸送と船による物の輸送のちがいは何か。

**A** 航空機による輸送は費用が高いため，ICやカメラ，医薬品などの**高価で軽い製品**の輸送などに使われている。船による輸送は費用が安く，大量に製品を運ぶことができる。

# 24 自然災害と環境を守る森林

**ココ大事!**

★日本は**自然災害《さいがい》**が多い国である。

★人工林を管理する**林業**で働く人がいる。

★**ラムサール条約《じょうやく》**は**湿《しつ》地《ち》**を守るための条約《じょうやく》である。

★**ナショナルトラスト運動**によって自然が守られている。

## 深めるチェック 自然災害

日本は**自然災害**の多い国である。これまでにも自然災害により，多くの人々《ひとびと》の命がうばわれてきた。また家をなくしてひなん生活をしなければならないなど，自然災害によるひ害は長期にわたることがある。

☑地しん災害 … 1995年の**阪神《はんしん》・淡路《あわじ》大震災《だいしんさい》**や2011年の**東日本大震災《ひがしにほんだいしんさい》**のように，日本は地震によるひ害が大きい。地しんの発生場所が海底の場合，**つ波**が発生することがある。

☑火山のふん火 … 高温の溶岩《ようがん》がふん出《しゅつ》して起きる**火《か》さい流《りゅう》**や有毒《ゆうどく》なガスが発生する。

☑**集中《しゅうちゅう》ごう雨《う》** … 山から土しゃと水が一気に流れてくる**土《ど》石流《せきりゅう》**が発生。

▲自然災害でひ害が出た様子

## 深めるチェック 林業と森林

日本の森林のおよそ半分は人工林であるため，人間の手によって管理をしていかなければならない。

☑**人工林** … 木材を使用するなどの目的のために植えられた森林。

☑**林業** … 木材の生産や人工林の管理などをする仕事。昔に比《くら》べて林業で働く人の数は，大きく減《へ》り，高れい化が進んでいる。

## 深めるチェック　自然を守るための取り組み

林業で働く人が減っているため，国や都道府県が林業で仕事をする人を増《ふ》やす取り組みが行われている。またボランティアによる植林など，自然を守るための取り組みもされている。

- ☑**ラムサール条約** … 水鳥などが生活する湿地を守るための国際的《こくさいてき》な条約。日本では北海道の釧路湿原《くしろしつげん》，滋賀県の琵琶湖《びわこ》などが指定されている。
- ☑**ナショナルトラスト運動** … 市民や団体などが自分たちのお金やぼ金で土地を買い取って自然を守る運動。

### ＋プラス＋　林業の仕事

種から育てたなえ木を山に植林する→なえ木の成長をさまたげる雑草《ざっそう》や木を取りのぞく→大きくなった一部の木を切って，ほかの木に太陽の光が当たるようにする(間ばつ)→大きくなった木をばっ採《さい》し，運ぱんする。なえ木から切り出すまで，50年以上かかる。

▲植林の様子

▲ばっ採の様子

### 思考力アップ

**Q** 日本の林業で働く人についての問題点は何か。

**A** 林業で働く人が減り，**高れい化**が進んでいるので，手入れが行きとどかなくなり，あれた森林が増えている。

# 25 地球の環境を守る

**ココ大事!**

★**地球温暖化《ちきゅうおんだんか》，熱帯林の減少《げんしょう》，酸性雨《さんせいう》，オゾン層《そう》の破《は》かい，海洋おせんなどの環境問題《かんきょうもんだい》は，世界全体の問題である。**

★**国際連合《こくさいれんごう》を中心として環境問題に取り組んでいる。**

## 深めるチェック 世界の環境問題

人間の活動によって地球の環境に変化が起こり，さまざまな問題が発生している。地球温暖化，熱帯林の減少，酸性雨，**砂ばく化**，オゾン層の破かい，海洋おせんなど，これらの環境問題は１か国だけではなく，世界全体の問題として取り組まなければならない。

◀世界の環境問題

- ☑熱帯林の減少 … アマゾン川流いきなどでは，森林を焼いて肥料《ひりょう》にする焼畑農業《やきはたのうぎょう》や道路開発，木材輸出《ゆしゅつ》などのばっ採《さい》により，熱帯林が減少している。
- ☑酸性雨 … ヨーロッパなどでは酸性雨により，環境にひ害が出ている。
- ☑砂ばく化 … 植物が育たない，あれた土地が広がっている。
- ☑オゾン層の破かい … 北極や南極上空でオゾン層の破かいが見られる。
- ☑海洋おせん … 人間が出したプラスチックごみが海に流れ，魚や鳥などの生物たちがきずついたりしている。

## 深めるチェック 地球環境を守る取り組み

世界の平和を守る国際連合（国連）は地球の環境問題にも注目し，環境問題を解決《かいけつ》する取り組みを行っている。

- ☑**地球サミット**… 1992年にブラジルで開さいされた地球の環境問題を話し合った国際会議。世界の国々の代表が集まり，世界に大きなえいきょうをあたえた。

### ＋プラス＋ 地球温暖化

人間の活動によって二酸化炭素《にさんかたんそ》やメタンなどの温室効《おんしつこう》果《か》ガスが増《ぞう》加《か》し，地球の温度が上しょうすることを地球温暖化という。地球温暖化によって北極や南極の氷がとけて，**海水面が上しょう**するなどの問題が発生している。

▲地球温暖化によってとけていく氷

### 思考力アップ

**Q** 地球の環境問題を解決するには何が必要か。

**A** 地球温暖化などの環境問題は１か国で解決できるようなことではない。熱帯林の減少，酸性雨，海洋おせんなど，地球の環境問題は世界全体の問題として取り組み，解決していく必要がある。

# 26 くらしと公害

**ココ大事!**

★**公害の種類は７つに分けられる。**

★**４大公害病は水俣病《みなまたびょう》，新潟水俣病《にいがたみなまたびょう》，四日市《よっかいち》ぜんそく，イタイイタイ病である。**

## 深めるチェック 日本の公害

産業活動によって，人々の健康やくらしにひ害が出ることを**公害**という。

☑**公害の種類** … 大気《たいき》おせん（空気のよごれ），水質《すいしつ》おだく（海や川などのよごれ）や土《ど》壌《じょう》おせん（土のよごれ），地《じ》ばんちん下《か》（地面が下がる），そう音，しん動，悪しゅう。

## 深めるチェック ４大公害病

公害によって引きおこされた健康ひ害を**公害病**といい，日本で特にひ害の大きかった４つを**４大公害病**という。

☑**水俣病** … 水俣湾《わん》（熊本《くまもと》県，鹿児島《かごしま》県）に流れ出た工場からのはい水にふくまれる有機水銀をとりこんだ魚を食べたことで発生。手足がしびれ，目や耳が不自由になるなどのしょう状《じょう》が出た。

☑**新潟水俣病** … 新潟県阿賀野川《あがのがわ》流いきで発生。水俣病と同じく，有機水銀が原因《げんいん》。

☑**四日市ぜんそく** … 三重《みえ》県四日市市で発生。工場から空気中に出された亜硫酸《ありゅうさん》ガスが原因。はげしいぜんそくが続いた。

☑**イタイイタイ病** … 富山《とやま》県神通川《じんづうがわ》流いきで発生。鉱山《こうざん》から流れ出たカドミウムが原因。ほねがもろくなり，折れやすくなる症状が出た。

## 深めるチェック　公害をなくすために

公害が発生した地いきの住民たちは，政府や自治体，公害を発生させた会社などに対して**住民運動**をおこし，公害をなくす努力をしてきた。

☑**北九州市の取り組み**… 福岡《ふくおか》県北九州市では工場からのけむりやはい水により，体調をくずす人が多かった。長年の努力によってこれらの公害はなくなった。北九州市はリサイクル工場が集まる「**エコタウン**」という地区をつくり，はいき物をなくす取り組みを行っている。

### プラス　国の公害対策

1967年に**公害対策基本法**《こうがいたいさくきほんほう》が定められ，1971年に環境問題や公害問題を解決《かいけつ》するために**環境庁**《かんきょうちょう》がつくられた。1993年には公害対策基本法がはい止されて**環境基本法**が定められ，2001年に環境庁も環境省にかわった。

▲四大公害病

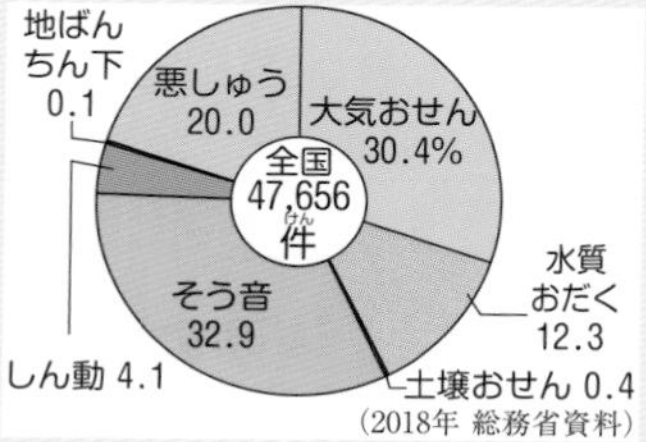

▲公害の種類別苦情件数

### 思考力アップ

**Q** 公害をなくすために国やひ害者がしてきたことは何か。

**A** 国は法律《ほうりつ》を定め，環境問題をたん当する役所として環境庁(現在《げんざい》は環境省)をつくった。四大公害病(**水俣病**，**新潟水俣病**，**四日市ぜんそく**，**イタイイタイ病**)などは公害を発生させた会社とひ害者の間で話し合いやさいばんが行われてきた。

# 27 わたしたちのくらしと命を守る

**ココ大事!**

★けい察《さつ》は事件《じけん》や事故《じこ》のそう査《さ》などをおこなう。
★消防《しょうぼう》は消火活動，救命活動《きゅうめいかつどう》などをおこなう。
★自衛隊《じえいたい》は日本の防衛《ぼうえい》，災害救助《さいがいきゅうじょ》などをおこなう。

## 深めるチェック けい察の仕事

けい察は各都道府県にあり，事件や事故のそう査，地いきの人々《ひとびと》が犯罪《はんざい》のひ害にあわないようにするための指導《しどう》，町のパトロール，道案内，落とし物の受付など，わたしたちの生活の安全・安心のために働いている。

- ☑**けい視庁《しちょう》** … 東京のけい察はけい視庁といい，他の道府県は北海道けい察，愛知県けい察，大阪府けい察などという。
- ☑**通信指令センター** … 事件や事故が起きたときに電話をする**110番**通報《つうほう》を受けつける場所。

▲パトロールするけい察官

## 深めるチェック 消防の仕事

消防《しょうぼう》は火災《かさい》が発生したときの消火活動や火災予防，病気やけがなどが発生したときの救命活動，訓練《くんれん》などをする。

- ☑**消防しょ** … 消防の仕事をおこなう機関。
- ☑**119番**通報 … 火災や事故が発生し，消防に電話するときの電話番号。
- ☑**レスキュー隊** … 人命救助をせん門とする部隊。

▲消防車と救急車

- ☑**消防団《だん》** … ふだんは自分の仕事をしているが，火事がおきると現場《げんば》に出動し，消防しょと協力する。
- ☑**AED** … 心ぞうがとまってたおれた人を助けるそう置《ち》。

## 深めるチェック 自衛隊の仕事

**自衛隊**は，日本の防衛，自然災害がおきたときに救助に向かう災害はけん，外国にはけんされる国際平和協力活動《こくさいへいわきょうりょくかつどう》がおもな仕事である。

☑ **けい察予備隊《さつよびたい》**… 1950年に発足《ほっそく》した組織《そしき》。1952年に保安隊《ほあんたい》になり，1954年に現在《げんざい》の自衛隊になった。

☑ **国際平和維持活動《こくさいへいわいじかつどう》**… PKO とよばれ，戦争や紛争でひ害を受けた国の復興《ふっこう》やえん助を手伝う活動。

### プラス その他の組織

けい察・消防・自衛隊以外には海のけい察である**海上保安庁《かいじょうほあんちょう》**，ま薬を取りしまる**ま薬取締官《とりしまりかん》**，不法に日本に入国した外国人を取りしまる**入国《にゅうこく》けい備官《びかん》**などが，日本の安全と安心を守ってくれている。

▲海上保安庁のじゅんし船

### 思考力アップ

**Q** わたしたちのくらしの安心と安全を守るための組織には何があるか。

**A** 事件や事故のそう査，犯罪の防止，町のパトロールなどをする**けい察**，火災や事故，急病の場合に出動する**消防**，日本の防衛，災害はけん，国際協力などをする**自衛隊**など，複数《ふくすう》の組織がわたしたちのくらしの安心と安全を守っている。

社会コラム

# 環境問題について

地球は「緑のわく星」や「水のわく星」とよばれてきました。山や森，川や海などの大自然が広がる星なのです。昔から人間は自然に少しずつえいきょうをあたえてきました。例えば，人間がくらしやすいように山や川を改良したり，自然でくらす動物や魚をとったりしてきました。けれども近年，人間は今までと比《くら》べものにならないほど自然を破《は》かいしています。工業が発達したのが大きな理由ですが，人間の活動は，地球全体の環境に大きなえいきょうをあたえるようになっているのです。

いま，もっとも深こくな環境《かんきょう》問題の１つに地球温暖化《おんだんか》があげられます。これは物が燃えるときに発生する二酸化炭素《にさんかたんそ》，機械に使われるフロンガスなど，地球をあたためる「温室効果《こうか》ガス」が増《ふ》え，地球の温度が上がることです。地球温暖化が進むと異常気象《いじょうきしょう》やこう水が発生し，農作物の生産にもえいきょうがでて食料不足になる可能性《かのうせい》もある，と考えられています。

では環境問題をどのように解決《かいけつ》すればよいのでしょうか。これは日本だけで解決できる問題ではなく地球全体に関わる問題なので，世界各国が協力して解決をする必要があります。またみなさんにも環境問題を解決するためにできることがあるはずです。

例えば，ゴミの分別，リサイクルをする，環境にやさしい商品を使うなどです。環境問題はすべての人にかかわることなのです。

▲環境にやさしい商品

国語コラム

# “全然いい”は全然いい!?

「全然いい」「全然平気」といった言葉を聞いたり使ったりしたことはありませんか。「全然」は，“全然知らない”など，否定《ひてい》的な表現《ひょうげん》に使うのが常識《じょうしき》ではないか，最近は日本語がみだれている，などと言われることがあります。本当にそうでしょうか。

「全然」という言葉は，江戸《えど》時代後期に中国から伝わってきました。それが日本語として定着したのが明治《めいじ》40年代以降《いこう》で，最初は否定的な表現だけでなく，肯定《こうてい》的な表現にも用いられていました。実際に，夏《なつ》目《め》漱石《そうせき》や芥川《あくたがわ》龍《りゅう》之《の》介《すけ》の作品の中にも，肯定的な表現で使われた例があります。

その後，大正《たいしょう》時代の終わりころから，「全然」は否定的な表現の使用に限られるようになり，そして，昭和《しょうわ》時代の後期から，再《さい》度《ど》，肯定的な表現でも使われるようになりました。

ある辞書には，「全然」の意味は，①残るところなく，すべて，②少しも（否定的な表現や打ち消しをともなう），③とても，非《ひ》常《じょう》に（肯定表現を強める），と記されています。「全然いい」の場合は，③の“とても”の意味に当てはまるでしょう。

最近では，「全然」は“とても”という意味ではなく，“何かと比《くら》べると程度《ていど》が上である”といった意味で使われることもあります。また，「全然」を肯定的な意味で使うのは，かたくるしくない場面での話し言葉が多い，という調査《ちょうさ》結果も出ています。

言葉は時代によって変化し，また，人々の受けとめ方もさまざまです。その言葉が，今はどんな意味で使われているか，どんな場面で使うのが適切《てきせつ》か，と考えることが大切かもしれませんね。

し方を考える。

☑**手紙文**…書き手の状《じょう》きょうをふまえ、特定の相手に向けて目的をもって書いたもの。書き手の思いをとどけたり、情報《じょうほう》を伝達したりするなど、はば広《ひろ》い目的で用いられる。

☑**手紙文の書き方**…次の点に注意する。

・相手に失礼のない言葉づかいで書く。

・伝える目的・内容を明確にする。

☑**手紙の形式**…「前文→主文→末文」の順に書く。

・前文…季節のあいさつを書いてから、相手の様子をたずねる。

・主文…相手に伝えたいことを具体的にわかりやすく書く。

・末文…相手を思いやる気持ちをそえたあいさつを書く。

＊最近では、電子メールやインターネットを利用した通信手段《しゅだん》がある。そうした機能《きのう》を利用するときも、手紙と同じようにていねいに書く。

深めるチェック

## 文章を推敲する

☑**推敲**…次の点に注意するとよい。

・誤字《ごじ》・脱字《だつじ》はないか、句読点《くとうてん》の使い方は適切《てきせつ》か。

・文末の表現《ひょうげん》はそろっているか。

・主語と述語《じゅつご》はねじれず、きちんと対応《たいおう》しているか。

・文のつながりや接続語《せつぞくご》の使い方は適切か。

・長い文を短く切ったり改行したりしているか。

**表現力アップ**

Q 次の文の不適切なところに――を引き、正しい表現に直しなさい。

①もう少しでお正月がむかえます。

②この運動場は、毎週日曜日に解放《かいほう》されている。

③父の日課は、朝六時に起きて散歩しています。

A ①お正月が→お正月を　②解放→開放

③しています→することです

# 14 文章の書き方

**ココ大事！**

★文章は、目的や意図、伝える相手、形式などにより、いろいろな種類に分かれる。

★書いた文章をより良いものにするために自分で練り直すことを推敲《すいこう》という。

## 深めるチェック　文章の種類と書き方

☑**意見文**…ある事がらについて、自分の意見を、その根拠《こんきょ》となる事例をあげて述《の》べたもの。

☑**意見文の書き方**…「序論《じょろん》・本論・結論」の構成《こうせい》にすると、わかりやすい文章になる。

序論…これから述べる話題や問題点など。

本論…自分の考えを支《ささ》える具体的な事例。

結論…本論から導《みちび》き出された自分の意見や今後の展《てん》望《ぼう》など。

＊資料《しりょう》から引用したり、予想される反論を加えたりすると、説得力《せっとくりょく》が増《ま》す。

☑**記録文**…観察したことや調べたことを、ありのままに正確《せいかく》に書き留《と》めたもの。

☑**記録文の書き方**…次の点に注意する。

・日時・場所など、必要なことを正しく書く。

・事実と感想・意見を分けて書く。

・図や表などを使ってくわしく書く。

☑**報告文**《ほうこくぶん》…活動したことや調べてわかったことをまとめて、だれかに伝えるためのもの。

☑**報告文の書き方**…次の点に注意する。

・日付や時間、場所、取材した人や内容《ないよう》、調べてわかったこと、成果などを書く。

・事実と感想、意見を分けて書く。

・注意をひく言葉、図や表を使うなど、効果的《こうかてき》な表

## 深めるチェック　短歌の形式と表現技法

☑**短歌の形式**…五・七・五・七・七の三十一音で成り立っている。一首《しゅ》・二首と数える。

例 くれなゐの　二尺《しゃく》伸《の》びたる　バラの芽の
針《はり》やは《わ》らかに　春雨《はるさめ》のふる　（正岡《まさおか》子規《しき》）

（赤いバラの新芽が二尺ほどのび、針はまだやわらかい。そこに静かに春雨がふっている。）

☑**特別な言葉づかいと表現技法《ぎほう》**

**句切《くぎ》れ**…内容や調子の区切れ目。二・四句切れは五七調、初・三句切れは七五調のリズムになる。

**かけ詞《ことば》**…一つの音で二つの言葉の意味をかねて表す。

**枕詞《まくらことば》**…ある決まった言葉の上にそえる五音の言葉。

例 くさまくら→旅　あしびきの→山

## 深めるチェック　俳句の形式と表現技法

☑**俳句の形式**…五・七・五の十七音で成り立っている。一句・二句と数える。

例 名月や　池をめぐりて　夜《よ》もすがら　（松尾《まつお》芭蕉《ばしょう》）

（名月をながめながら池の周りを歩いていたら、いつの間にか夜が明けてしまった。）

☑**季語**…俳句は、特に季節感を大切にするため、句の中に**季語**を入れる決まりがある。

春…つばめ・菜の花・かすみ・雪解《ゆきど》け

夏…田植《たうえ》・若葉《わかば》・梅雨《つゆ》・夕焼け

秋…すすき・名月・鈴虫《すずむし》・柿《かき》

冬…木枯《こが》らし・たき火・落ち葉・大根

☑**俳句の表現技法**…句のイメージを強める働きをもつ語を切れ字という。「や・かな・けり」などがある。

**表現力アップ**

Q 次にあげた季語は、「春・夏・秋・冬」のどの季節に当てはまるか、答えなさい。

①残雪（春）　②小春（冬）　③すみれ（春）

④夕立（夏）　⑤天の川（秋）　⑥月（秋）

# 13 詩・短歌・俳句

**ココ大事！**

★**詩にはリズム（音数）のほか、さまざまな表現《ひょうげん》の工夫《くふう》がある。**

★**短歌と俳句《はいく》には、それぞれ形式や決まりごとがある。**

## 深めるチェック　詩の特ちょうと表現の工夫

☑**詩とは**…心に強く感じたことを短い言葉やリズムをもった文で表現したもの。

☑**詩の分類**…形式によって次の三つに分けられる。

定型詩《ていけいし》…一定の音数（五音・七音）をくり返す詩。

自由詩…一定の音数にこだわらない詩。

散文詩…行分けがなく、散文（ふつうの文章）と同じように書かれた詩。

☑**詩の表現**…次のような表現の工夫がある。

| | |
|---|---|
| 連 | 連は、詩の構造《こうぞう》や意味の上でのまとまりのこと。連を変えるときは、一行空ける。 |
| 比ゆ | 物事の共通点に着目し、何かにたとえて表現する。 |
| ぎ人法《じんほう》 | 人以外のものの様子を人にたとえる。 |
| 反復法《はんぷくほう》 | 印象《いんしょう》を強めるために言葉をくり返す。 |
| 省略法《しょうりゃくほう》 | 言葉を省いて、余《よ》いんを残す。 |
| 対句《ついく》 | 対照的な言葉をならべ、調子を整《ととの》える。 |
| 体言止め | 文の終わりを名詞《めいし》でしめくくり、余いんを残す。 |
| よびかけ | 「…よ」などのかたちで、よびかける。 |
| とう置法 | 語順を入れかえ、強調する。 |

## 深めるチェック 物語文の読み取り方

☑**場面の移《うつ》り変わりと心情の変化**をとらえ、作品全体をつかむ。

・物語のすじ…場面の様子と移り変わりをつかむ。

・人物の心情…人物の心情とその変化をつかむ。

・人物どうしの関係…物語の進行とともに変化する人物どうしの関わり合いをつかむ。

・人物像と作品の全体像…物語全体を通しての人物のこだわりや作品のメッセージなどをつかむ。

☑**情景描写《じょうけいびょうしゃ》**に着目する。

・まわりの景色や様子と人物の心情がひびき合うように描かれたものを情景という。

・人物の心情は直接《ちょくせつ》に表現《ひょうげん》されず、情景描写によって表現されることもある。

例「今にも雨がふり出しそうな雲」→暗く不安な気持ちの表現

例「すっきりとした青空」→安心した気持ちの表現

## ＋プラス＋ 伝記

○**伝記**…ある人物の生がいについて、事実をもとに書き表した文章。

○**伝記の読み方**…その人物の生《お》い立ちや業績《ぎょうせき》のほか、信念や人生にとっての意味を考えて読む。

例「エジソン」「手塚治虫《てづかおさむ》」「ジョン万次郎《まんじろう》」など

## 表現力アップ

**Q** 次の表現からイメージする心情を、あとから選びなさい。

①春のさわやかな風が通る

②かれ葉がゆっくりと落ちていく

③夕日が真っ赤にもえている

**ア** おだやかな気持ち　**イ** 高ぶる気持ち

**ウ** さびしい気持ち

**A** ①ア　②ウ　③イ

# 12 物語文の読み取り方

**ココ大事！**

★物語とは、作者の想像《そうぞう》をもとにすじのあるお話としてまとめたもの。

★物語は、場面の様子、人物の心情《しんじょう》や人物像《じんぶつぞう》、作品の全体像をつかむことが大切。

## 深めるチェック　物語の設定と組み立て

☑**物語の種類**…物語には、現代《げんだい》の日常《にちじょう》を描《えが》いた作品のほか、ファンタジーや昔話、伝記などがある。

☑**物語の設定《せってい》**（構成要素《こうせいようそ》）

・だれが…主人公（中心人物）と、主人公に大きくえいきょうをあたえる対人物、周辺人物はだれか。

・いつ、どこで…どのような時代・季節・時間の出来事か。どこを舞台《ぶたい》にして書かれたお話か。

・何をどうした…物語がどのように進められ、出来事が人物の心情の変化や結末にどのようなえいきょうをあたえたか。

☑**物語文の組み立て**…起《き》→承《しょう》→転《てん》→結《けつ》の順に進められるのが基本《きほん》。物語は出来事の起こった順に書かれているとは限《かぎ》らないので注意する。

起…物語の起こり。

承…物語の起こりを受けて、物語が進む。

転…状きょうが転かんし、中心の出来事が起こる。

結…物語が終結する。

☑**場面の出来事**…出来事は「あるとき」、「あること」が「ある人」によって起こる。引き起こされるひと続きの出来事を描いた部分を場面という。

## 深めるチェック　論説文の読み取り方

☑**論説文**…筆者の主張と論の進め方に注意する。

☑**論説文の文章構成**…次の内容が基本《きほん》となる。

・**序論**《じょろん》…話題提示や問題提起《ていき》など。筆者の主張が書かれている場合もある。

・**本論**…筆者の主張を支《ささ》える具体例・理由を挙げ、問題点をはっきりとさせる。

・**結論**…筆者の主張、読者へのメッセージ。

☑**対比表現をとらえる。**

・文章の中には、二つ以上の物事を照らし合わせ、ちがいをはっきりさせながら書かれたものもある。

・何と何が対比され、対比の観点が何かに注意する。

☑**事実・感想・意見の関係をおさえる。**

・筆者の考えがどのような事例・理由により説明され、論が進んでいるのかをつかむ。

・筆者の主張が述べられた部分を中心に、文章全体の要旨をとらえる。

### ＋プラス＋　報道文

○**報道文**《ほうどうぶん》…新聞記事のように、世の中の出来事を広く伝えるために書かれた文章。

○**報道文の組み立て**…いちばん重要な事がらを「**見出し**」で先に示し、「**リード文**」から「**本文**」へとくわしく書かれている。

### 表現力アップ

**Q** 次の**ア**〜**ウ**の文を、「序論・本論・結論」の順になるように、ならびかえなさい。

**ア**　つまり、学校・地域《ちいき》・社会を結びつける力をもっている。

**イ**　登校中、みんなに「おはよう」と声をかけてから、いろいろな人と仲良くなれた。

**ウ**　私《わたし》は、地域の「あいさつ運動」を提案したい。

**A** ウ→イ→ア

# 11 説明文・論説文の読み取り方

**ココ大事！**

★**説明文とは…ある事がらや考え方について、読み手にわかりやすく説明した文章。**

★**論説文《ろんせつぶん》とは…筆者の考えを主張《しゅちょう》するために、事例や理由などを述《の》べた文章。**

## 深めるチェック　説明文の読み取り方

☑**題目（表題）と問いの文に着目する。**

・題目の内容《ないよう》は、テーマ・読者への投げかけ・主題（筆者の意見）など、さまざまある。

・文章の前半にある「〜でしょうか」などの形で示《しめ》した問いの文に着目すると、どんな内容について書かれている文章なのか、筆者が読者に何を伝えようとしているのかがわかる。

☑**段落《だんらく》の内容と段落どうしのつながりをつかむ。**

・文章を段落に分け、主語や中心となる語・文に着目して、それぞれの段落の内容をとらえる。

・接続語《せつぞくご》を手がかりにして、段落どうしの関係をとらえる。

「たとえば」…話題や意見を述べたあと、具体例をあげて説明するとき。

「なぜなら」…事例や意見の理由を述べるとき。

「しかし」…前に述べた内容と逆《ぎゃく》のことを述べるときや、筆者が強く主張するとき。

・「この」「その」などの指示語《しじご》に注意して読む。

☑**結論《けつろん》を読む**…結論は文章の後半にあることが多い。

・「つまり」「このように」などの言葉を手がかりにして、結論が書いてある部分を見つける。

・結論の内容と各段落の事例とのつながりを確《たし》かめ、文章全体の要旨《ようし》をとらえる。

**☑文の組み立て**…文は、主語や述語をくわしく説明する修飾語をつけ加えることが多い。

例 たくさんの（どれほどの） バラが 庭で（どこで） 美しく（どんなに） さく。

修飾語 主語 修飾語 修飾語 述語

**☑文の構造**…主語と述語の組み合わせ方によって、文の構造は単文・重文・複文の三つに分けられる。

単文…主語＋述語の組み合わせが一組だけある文。

例 春が 来る。 寒い 冬が 終わった。

主語 述語 主語 述語

重文…主語＋述語の組み合わせが二組以上あり、それらが対等の関係にある文。

例 春が 来て、 花が さいた。

主語1 述語1 主語2 述語2 （対等）

複文…主語＋述語の組み合わせに、別の主語と述語の組み合わせがつけ加えられた文。

例 わたしが 書いた 作文が 入選した。

主語 述語 主語 述語

## プラス 文の意味上の種類

○平じょ文…断定《だんてい》・推量《すいりょう》・決意などを表す。

例 もう六年生だ。 明日は天気だろう。

○疑問《ぎもん》文…疑問の気持ちを表す。

例 どの教科が好きですか。

○命令文…命令・禁止《きんし》・いらいなどを表す。

例 そこを動くな。 一筆書いてください。

### 表現力アップ

Q 次の言葉を使って、単文・重文・複文を一文ずつ作りなさい。

〔新学期が・あれば・桜《さくら》が・始まり・さいた・世話した・わたしが〕

A 単文…桜がさいた。

重文…新学期が始まり、桜がさいた。

複文…わたしが世話した桜がさいた。

# 10 文の組み立て

**ココ大事！**

★文は**文節**と**単語**から成っている。

★文の型《かた》は**主語**と**述語**《じゅつご》の関係が基本《きほん》で、それに**修飾語**《しゅうしょくご》などがつく。

★文の構造《こうぞう》…単文・重文・複文《ふくぶん》がある。

## 深めるチェック　文と文節

☑**文**…書き始めから句点《くてん》「。」までの、ひと区切りの言葉のまとまり。

☑**文章**…二つ以上の文が集まって、一つの文章となる。

☑**文節**…意味がわかる程度《ていど》に文を区切ったまとまり。

例 空に／白い／雲が／うかぶ。

☑**単語**…文節をさらに細かく区切った最小の単位。

例 空／に／白い／雲／が／うかぶ。

## 深めるチェック　文の基本文型と構造

☑**主語と述語の関係**…次の四つの文型《ぶんけい》が基本である。

| | 主語 ― 述語 | 例文 |
|---|---|---|
| ① | 何が(は) ―どうする | 犬が　ほえる。 |
| ② | 何が(は) ―どんなだ | 月が　きれいだ。 |
| ③ | 何が(は) ―何だ | あなたが　勝者だ。 |
| ④ | 何が(は) ―ある(いる) | 海が　ある。 |

☑**文の型の例外**

・**とう置**の文…言葉の順番を入れかえるとう置法を使う場合、述語が文の終わりにこないこともある。

例 出た、まんまるの月が。

・**省略**《しょうりゃく》…主語や述語が省略されている場合もある。

例 あっ、止まった。　君はどこへ。

## 深めるチェック 指示語

☑**指示語**…物事や性質《せいしつ》・状態《じょうたい》などを指し示す語。

| | 自分に近い | 相手に近い | どちらからも遠い | 決まっていない |
|---|---|---|---|---|
| 物事 | これ | それ | あれ | どれ |
| 場所 | ここ | そこ | あそこ | どこ |
| 方角 | こちら | そちら | あちら | どちら |

## 深めるチェック 敬語

☑**敬語**の種類…大きく次の三種類に分けられる。

尊敬語《そんけい》…相手の動作や物事を高めることで、相手に敬意を表す。

例 先生がいらっしゃる。（来る）

例 お客さまがお帰りになる。（帰る）

けんじょう語…自分の動作をけんそんすることで相手に敬意を表す。

例 株主《かぶぬし》に対して、社長が申し上げる。（言う）

例 わたくしは、ここでお待ちする。（待つ）

ていねい語…物や動作などをていねいに言うことで、聞き手に敬意を表す。

例 わたしが生徒会長です。 庭にお花がさいている。

### プラス 敬語のあやまりやすい点

○尊敬語とけんじょう語を取りちがえた例

冷めないうちにいただいてください。（×）

→めし上がって（○）

○敬語をつけすぎた例（二重敬語）

お話しになられる。（×）→なる（○）

### 表現力アップ

Q 次の――線部の敬語を適切《てきせつ》な言葉に直しなさい。

①どうぞ言ってください。（おっしゃって）

②六時に行きます。（うかがいます・参ります）

# 09 言葉の働き②

**ココ大事！**

★接続詞《せつぞくし》…前後の文節や文をつなぐ働きをもつ。

★感動詞…感動やよびかけ、返事などを表す。

★指示語《しじご》…ある物事を指し示《しめ》す働きをもつ。「こそあど言葉」とも言う。

★敬語《けいご》…聞き手や相手に敬意《けいい》を表す。

## 深めるチェック　接続詞と感動詞

☑**接続詞**…前後の文や文節、単語をつなぐ語。

順接《じゅんせつ》…前の事がらが後の事がらの理由や原因《げんいん》となる。
↓だから・したがって・それで

逆接《ぎゃくせつ》…前の事がらとは逆(予想外)の事がらがあとにくる。↓けれども・しかし・ところが

累加《るいか》(添加《てんか》)…前の事がらに後の事がらをつけ加える。↓さらに・そのうえ・しかも・なお

並列《へいれつ》(並立)…前後が同じような事がらをならべる。
↓および・また・ならびに

対比《たいひ》・選択《せんたく》…前の事がらと後の事がらのどちらかを選ぶ。↓それとも・あるいは・もしくは

補足《ほそく》・説明…前の事がらをおぎなったり説明したりする。↓ただし・なぜなら・つまり

転かん…話題を変える。↓さて・ところで・では

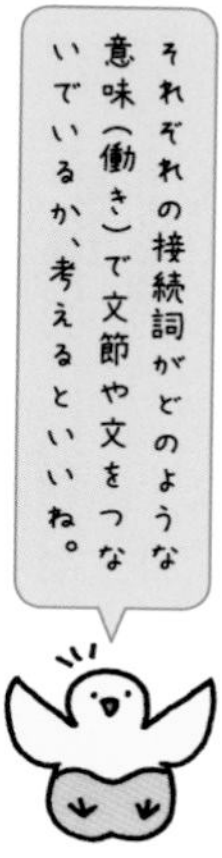


☑**感動詞**…あることへの感動、よびかけ、応答《おうとう》、あいさつ、かけ声を表す語。文の頭にくることが多い。
↓まあ・もしもし・はい・こんにちは・よいしょ

例 もしもし、あなたはどなたですか。(よびかけ)

☑**連体詞**…名詞（体言）を修飾《しゅうしょく》する。

例 大きな・あらゆる・その

☑**副詞**…主として用言を修飾し、状態と程度《ていど》をくわしく説明する。

例 ゆっくり進む・とても長い

## 深めるチェック 付属語

**付属語**…それだけでは文節をつくることができない単語。

☑**助動詞**…れる・られる・せる・させる・ようだ、などがある。使い方によって形が変化する。

例 先生によばれる。 例 今夜は寒いようだ。

☑**助詞**…が・の・に・より・や・で・を、などがある。使い方によって形が変化しない。

例 綿《わた》のような白い雲。

例 ぼくは、マンガより小説が好きだ。

助詞はその働きによって、格助詞・接続助詞・副助詞・終助詞の四種類に分けられる。

## ＋プラス＋ まぎらわしい品詞

○動詞と形容詞は、名詞に転じることがある。

これから家に帰ります。→動詞

今日は帰りがおそい。→名詞

○助動詞の「だ」と形容動詞（言い切りの形）の「だ」

きれいな月だ。→助動詞（断定《だんてい》）の「だ」

弟は元気だ。→形容動詞にふくまれる「だ」

＊「元気な子」のように「だ」を「な」に置きかえて、その下に名詞をつけられれば形容動詞。

## 表現力アップ

Q 次の文に適切《てきせつ》な語を入れなさい。

①学校まで毎日、歩（き）ます。

②そろそろ桜《さくら》が美し（く）さきそうです。

③先生にしかられて教室は静か（に）なった。

④大事なことなのでみんなに知ら（せ）よう。

# 08 言葉の働き①

**ココ大事！**

★ **一語で文節をつくることができるものを自立語、それだけでは文節をつくることができないものを付属語《ふぞくご》という。**

★ **自立語…名詞《めいし》・動詞・形容《けいよう》詞・形容動詞・連体詞・副詞・接続《せつぞく》詞・感動詞がある。**

★ **付属語…助動詞・助詞がある。**

## 深めるチェック 自立語

**自立語**…一語で文節をつくることができる単語。

☑ **名詞**…人や物などを表す。体言《たいげん》ともいう。

普通《ふつう》名詞…飛行機・登校など、物事の名前を表す。

固有名詞…大阪・信濃《しなの》川など、原則《げんそく》として一つしかないものの名前を表す。

数詞…一枚・二番など、数量や順序《じゅんじょ》を表す。

代名詞…人や物の名前の代わりに使う。

☑ **動詞**…動作や作用、存在《そんざい》を表す。言い切りの音が「ウ」。

例 読む・走る・見る・聞く・食べる

・活用例「読む」

→読まない・読みます・読めば・読もう

☑ **形容詞**…物の状態《じょうたい》や性質《せいしつ》を表す。言い切りの形が「い」。

例 高い・美しい・明るい・楽しい

・活用例「高い」

→高かろう・高かった・高く

☑ **形容動詞**…物の状態や性質を表す。言い切りの形が「だ」・「です」。

例 きれいだ・不思議だ・元気です

・活用例「きれいだ」

→きれいだろう・きれいに・きれいな

＊動詞・形容詞・形容動詞を用言《ようげん》ともいう。

用立てていた。名前を「さぬきのみやつこ」といった。
ある日のこと、その竹林の中に、根元の光る竹が一本あった。不思議に思って近寄《ちかよ》って見ると、つつの中が光っていた。そこには三寸ほど(手に乗るほど)の小さな人がかわいらしい様子ですわっていた。

## 深めるチェック 古典文学の読み方

古典文学は、現在《げんざい》の口語《こうご》文とはちがい、歴史的仮名づかいが用いられた文語文である。

### ☑歴史的仮名づかい

ゐ・ゑ・を…い・え・お
例 ゐなか…いなか(田舎)
は・ひ・ふ・へ・ほ…わ・い・う・え・お
例 にほひ…におい
くわ・ぐわ…か・が
例 くわし…かし(菓子)
あふ・いふ・えふ…おう・いう・よう
例 けふ…きょう(今日)

### ☑昔の言葉の意味で現代とちがうもの

例 をかし…おもむき深い・美しい・すばらしい(昔)
→おもしろい(現在)
例 あたらし…もったいない(昔)→新しい(現在)

### ☑古典文学(古文)の味わい方

・古文独特《どくとく》の言葉のひびきやリズムを知り、現代の言葉との意味のちがいを理解する。
・昔の人のものの見方や当時の生活様式を知り、現代へ受けつがれた言葉の文化に親しむ。
・登場人物をつかみ、場面の様子を想像《そうぞう》する。

**表現力アップ**

Q 次にあげた歴史的仮名づかいを、現在の読み方にしなさい。
①あはれ(わ) ②まゐる(い) ③舞《ま》ふ(う)
④思ひ(い) ⑤まうす(も)
⑥あやしう(しゅう) ⑦てふてふ(ちょうちょう)

# 07 古典文学に親しむ

**ココ大事！**

★古典文学…古い時代にできた作品で、現《げん》代《だい》まで読みつがれているもの。

★古典文学の読み方…歴史《れきし》的仮名《かな》づかいを理解し、現代のものと比《くら》べながら読む。

## 深めるチェック　古典文学に親しむ

☑**古典文学の発展《はってん》**…奈良時代には、漢字一字を一音として利用した万葉仮名《まんようがな》が使われた。その後、平安時代に入ると、漢字を書きくずした平仮名《ひらがな》を用いた物語や和歌がつくられるようになり、しだいに発展してきた。

☑**古典文学の種類**…物語・随筆《ずいひつ》・紀行《きこう》文・日記・説話（神話・伝説）などさまざまある。

☑**時代ごとの主な古典文学**

平安時代…「竹取《たけとり》物語」「源氏《げんじ》物語」など

鎌倉《かまくら》時代…「平家《へいけ》物語」「徒然草《つれづれぐさ》」など

江戸《えど》時代…「奥《おく》の細道」「雨月《うげつ》物語」など

☑**古文と現代語訳《やく》**

**『竹取物語』**

今は昔、竹取の翁《おきな》といふ《う》ものありけり。野山にまじりて竹を取りつつ、よろづ《ず》のことに使ひ《い》けり。名をば、さぬきのみやつことなむ《ん》いひ《い》ける。

その竹の中に、もと光る竹なむ《ん》一《ひと》すぢ《じ》ありける。あやしがりてよりて見るに、つつの中光りたり。それを見れば、三寸《さんずん》ばかりなる人、いとうつくしう《しゅう》てゐ《い》たり。

**〈現代語訳〉**

昔、竹取の翁とよばれる年をとった者がいた。翁は野山に分け入って竹を取っては、いろいろなことに

・動物にたとえたもの

例 **すずめ**のなみだ(ごくわずかなこと)

例 **ねこ**をかぶる(おとなしいように見せかける)

例 **馬**が合う(気が合う)

・道具にたとえたもの

例 **くぎ**をさす(あらかじめ念をおす)

例 **たな**に上げる(自分に不都合なことにふれない)

例 **まくら**を高くする(安心してねむる)

「メスを入れる」など、かたかなで書く言葉が入った慣用句もあるよ。

## 深めるチェック 故事成語

☑**故事成語**…ことわざに似《に》た短い言葉で、中国に伝わる古い物語や歴史上の有名な出来事がもとになってできた言葉。

例 **矛盾《むじゅん》**(物事のつじつまが合わないこと)

例 **水魚《すいぎょ》**の交わり(はなれられない親密《しんみつ》な関係)

---

### ＋プラス＋ 意味が似たことわざ

さるも木から落ちる
弘法《こうぼう》も筆のあやまり
河童《かっぱ》の川流れ
} 名人でもまちがえる(失敗する)ことがある。

ぶたにしんじゅ
ねこに小判《こばん》
馬の耳に念仏《ねんぶつ》
} 値《ね》打《う》ちのわからないものにはむだなこと。

### 表現力アップ

Q 次のことわざの反対の意味をもつものを、あとから選んで答えなさい。

①下手《へた》の横好き(イ) ②一石二鳥(ウ)

③先んずれば人を制《せい》す(ア)

ア 急いてはことを仕損じる

イ 好きこそものの上手なれ

ウ あぶはち取らず

# 06 ことわざ・慣用句・故事成語

**ココ大事！**

★ことわざ…古くから言いならわされ、生活に役立つ事がらがふくまれた言葉。

★慣用句《かんようく》…二つ以上の言葉が結びついて、特別な意味をもった言葉。

★故事成語《こじせいご》…中国の古い物語や歴史上の有名な出来事を元にしてできた言葉。

## 深めるチェック　ことわざ

☑**ことわざ**…昔から言い伝えられた生活の知恵《ちえ》や教訓などがふくまれている言葉。人の心にふれるものが多い。

例 急《せ》いてはことを仕損《しそん》じる（急いですると失敗することが多い）

例 三人寄れば文《もん》じゅの知恵（三人集まって相談すると、良い知恵がうまれる）

例 情《なさ》けは人のためならず（人に情をかけておくと、やがて自分のためになる）

例 たなからぼたもち（思いがけず良いことが起こること）

## 深めるチェック　慣用句

☑**慣用句**…昔から言いならわされ、二つ以上の言葉が結びついて、全体として特別な意味をもった決まり文句《もんく》。人の体や動植物、身の回りの道具に関わるものがある。

・人の体の部分を用いたもの

例 目を丸くする（おどろく、感心する）

例 首を長くする（待ちこがれる）

例 足がぼうになる（つかれて足がこわばる）

## 深めるチェック　複合語

☑**複合語**…「飛ぶ」と「回る」が結びついて「飛び回る」という語ができたように、もとは別々であった二つ以上の言葉が組み合わさって、一つの言葉になったもの。

☑**複合語のさまざまな組み合わせ**

ア　和語＋和語…山＋登る＝山登り

イ　和語＋漢語…雪＋合戦＝雪合戦

ウ　漢語＋漢語…輸出《ゆしゅつ》＋品＝輸出品

エ　和語＋外来語…紙＋コップ＝紙コップ

オ　外来語＋外来語…フルーツ＋サラダ＝フルーツサラダ

カ　漢語＋外来語…安全＋マーク＝安全マーク

＊右のうち、イ・エ・カのように、ちがう種類がまざった言葉を混種語《こんしゅご》という。ほかにも「駅前ビル」のように、漢語と和語と外来語の三つの種類が組み合わさった言葉もある。

## ＋プラス＋　和語の意味を覚える

動作を表す和語の中には意味がおしはかりにくいものがある。正しく覚えよう。

①**おもむろに**…動作がゆっくりしている様子。

例 機関車がおもむろに動き出した。

②**ためらう**…迷《まよ》って決断《けつだん》できない様子。

例 友人に注意することをためらっている。

## 表現力アップ

**Q** 次の和語の意味を、あとから選んで答えなさい。

①あなどる（ア）　②ほのめかす（エ）　③そそのかす（イ）　④おびただしい（ウ）

**ア**　相手を軽く見ること。

**イ**　良くないことをするようにしむける。

**ウ**　非常《ひじょう》に多くある様子。

**エ**　それとなく知らせること。

# 05 日本語の種類

**ココ大事！**

★日本人が大昔から使っている言葉が和語で、中国から伝わった言葉が漢語。

★主としてヨーロッパから伝わった言葉が外来語。

★二つ以上の言葉が組み合わさって一つの言葉になったものが複合語《ふくごうご》。

## 深めるチェック　和語と漢語

☑**和語**…日本に昔からある言葉。漢字は訓読みで読む。大和《やまと》言葉ともいう。

例 やま・歩く・美しい

☑**漢語**…中国から伝わった言葉。漢字は音読みで読む。

例 安全・生活・自然・学問・芸術《げいじゅつ》

☑**和語と漢語の特質《とくしつ》**

・和語…意味がおおまか・聞いた感じがやわらかい・話し言葉で表現《ひょうげん》するのにふさわしい

・漢語…意味が細かく正確《せいかく》・聞いた感じがかたい・あらたまった文章で表現するのにふさわしい

## 深めるチェック　外来語

☑**外来語**…主としてヨーロッパなどの外国語から取り入れた言葉。かたかなで表記することが多い。

例 エチケット・システム・シンボル・リサイクル

＊ジーパン・ナイター・シャープペンシルなどは、日本で生まれた語で、「和製《わせい》外来語」ともいわれる。

☑**外来語の使い方**…言葉をそのまま名詞《めいし》として使うことのほか、「〜する」「〜な」「〜に」などをつけて使うこともある。

例 コピーする・ハードな・ポジティブに

| ③ | ④ | ⑤ |
|---|---|---|
| 二字熟語の上に、一字がついたもの(上の字が下の熟語をくわしく説明している) | 二字熟語の下に、意味をそえる字がついたもの | 二字熟語の下に一字がついたもの(上の熟語が意味をつけ加えている) |
| 日時計・新事実・食生活 | 主体的・人間性・近代化・学者然 | 博物館・物理学・発案者 |

## 深めるチェック 四字熟語の覚え方

☑**四字熟語**…単純に漢字や熟語を組み合わせたものもあるが、特別な意味合いをもつものが多い。

・四字が対等にならぶ　例 喜怒哀楽《きどあいらく》・花鳥風月《かちょうふうげつ》

・上の二字と下の二字が似た意味で対になっている

例 以心伝心《いしんでんしん》・絶体絶命《ぜったいぜつめい》

・上の二字と下の二字それぞれが反対の意味をもつ

例 老若男女《ろうにゃくなんにょ》・古今東西《ここんとうざい》

・上の二字と下の二字が組み合わさっている

例 徹頭徹尾《てっとうてつび》・起死回生《きしかいせい》

## プラス 数字をふくんだ四字熟語

○一朝一夕《いっちょういっせき》(わずかな時間や日にちのこと)

○一日千秋《いちじつせんしゅう》(千年も待っているほどに待ちどおしいこと)

○七転八倒《しちてんばっとう》(転げ回ってもがき苦しむこと)

○千差万別《せんさばんべつ》(多くの物がそれぞれちがっていること)

## 表現力アップ

Q 次の四字熟語のまちがっている字を○で囲み、正しい字に直しなさい。

① 絶対絶命 (体)　② 玉石混合 (交)

③ 言語同断 (道)　④ 完全無決 (欠)

Q 右の四字熟語を一つ使って、意味が通るように文を作りなさい。

例 先生に対してあのような態度を取るなんて、言語道断だ。

# 04 熟語の組み立て

**ココ大事！**

★**二字熟語《じゅくご》と三字熟語には、さまざまな組み立て方がある。**

★**四字熟語は、単純《たんじゅん》な漢字を組み合わせたものと、特別な意味合いをもつものがある。**

深めるチェック

## 二字熟語の組み立て

☑二字熟語…主な組み立てには、次の種類がある。

| | 組み立て | 例 |
|---|---|---|
| ① | 似《に》た意味の漢字を組み合わせたもの | 図画・行進・河川 |
| ② | 反対や対になる漢字を組み合わせたもの | 多少・大小・往復 |
| ③ | 上の漢字が下の漢字に対してくわしく説明するもの | 早春・広報・暖冬《だんとう》 |
| ④ | 上の漢字に対して下の漢字がその内容を補《おぎな》うもの | 乗車・帰京・読書 |
| ⑤ | 上の漢字が主語で下の漢字が述語の関係にあるもの | 市営・国立・人工 |
| ⑥ | 上の漢字が下の漢字を打ち消すもの | 不安・無視《むし》・未明・非行・非情《ひじょう》 |
| ⑦ | その他<br>長い熟語を略《りゃく》したものなど | 国体<br>→国民体育大会 |

深めるチェック

## 三字熟語の組み立て

☑三字熟語…主な組み立てには、次の種類がある。

| | 組み立て | 例 |
|---|---|---|
| ① | 三字が対等にならんでいるもの | 衣食住・雪月花 |
| ② | 二字熟語の上に、打ち消しの意味をもつ漢字がついたもの | 不公平・非常識《じょうしき》・無意識・未完成 |

## 深めるチェック 漢字の筆順

☑**漢字の筆順の原則《げんそく》**…漢字には書く順序《じゅんじょ》がある。それにそって書くと、きれいな形になり、早く書くこともできる。

| | 原則 | 漢字例 | 例外 |
|---|---|---|---|
| ① | **横画**から先に | 十・土・計・七 | |
| ② | **縦《たて》画**から先に | 田・男・細 | |
| ③ | **中**から**左右**へ | 小・当・水・常 | 火・性 |
| ④ | **外側**から**先に** | 国・因・同・肉 | 区・医 |
| ⑤ | **左はらい**から**先に** | 文・父・人・金 | 刀・力 |
| ⑥ | **つらぬく縦**は**最後** | 中・車・神 | 里 |
| ⑦ | **つらぬく横**は**最後** | 女・母・安・子 | 世 |
| ⑧ | **横線**の次に**左はらい** | 左・友・在・存 | 右・有・布 |
| ⑨ | 走は**先**、辶は**最後** | 起・近 | |

## ＋プラス＋ 注意したい筆順

次の漢字の筆順には注意したい。

「止」

「必」

「飛」

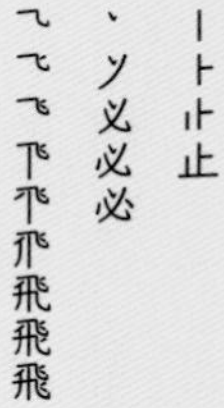

筆順は書きやすさや覚えやすさだけでなく、歴史《れきし》的な理由が優先《ゆうせん》されたものもあるんだよ。

## 表現力アップ

Q 次の――線部のかたかなを漢字に直しなさい。

①当店トクセイのパン。（特製）

②地域《ちいき》のトクセイを生かす。（特性）

③テンサイにみまわれた。（天災）

④あの人はテンサイとよばれている。（天才）

⑤レイガイとしてあつかう。（例外）

⑥冬にレイガイにおそわれた。（冷害）

# 03 漢字の書き

**ココ大事！**

★ **読み方が同じでも意味や形が異《こと》なるものがある。**

★ **音読みが同じでも漢字と意味が異なる熟《じゅく》語《ご》を同音異義《いぎ》語という。**

★ **漢字には筆順がある。**

## 深めるチェック 漢字の使い方

☑**同音異字と同訓異字**…同じ音読みや訓読みをもつ漢字はたくさんある。どの漢字を使うことが適切《てきせつ》かを考える。

☑**同音異字**…音読みが同じで、形や意味が異なる漢字。

例 キン→平均点・近所の家・旅行禁止。

例 シー→医師・詩人・資本・飼育

☑**同訓異字**…訓読みが同じで、形や意味が異なる漢字。

例 つとめる→主役を務める。勉強に努める。
会社に勤める。

例 はかる→重さを量る。深さを測る。時間を計る。

例 あつい→厚い板。暑い夏。熱い湯。

## 深めるチェック 同音異義語

☑**同音異義語**…漢字の発音が同じ(同音)で、意味が異なる(異義)熟語。一つひとつの漢字の意味を知っておくことで、適切な熟語を用いることができる。

例 イコウ→本日以降に。意向を聞く。
新しい制度に移行する。

例 カコウ→火山の火口。部品を加工する。
河口で遊ぶ。人気が下降気味だ。

例 タイカ→大過なく終える。ほねが退化する。
大火から防災《ぼうさい》を学ぶ。

| | | | |
|---|---|---|---|
| ③ | 重箱読み | 上が音読み（重＝じゅう）、下が訓読み（箱＝はこ）。 | 職場《しょくば》・残高《ざんだか》・本屋《ほんや》<br>素顔《すがお》・客間《きゃくま》・茶色《ちゃいろ》 |
| ④ | 湯桶読み | 上が訓読み（湯＝ゆ）、下が音読み（桶＝とう）。 | 場所《ばしょ》・大勢《おおぜい》・身分《みぶん》<br>道順《みちじゅん》・手配《てはい》・関所《せきしょ》 |

二つの漢字が組み合わさることで、もとの言葉と音が変わることがある。

例 はな＋ち＝はなぢ（鼻血）

あめ＋くも＝あまぐも（雨雲）

かん＋おん＝かんのん（観音）

## ＋プラス＋ 特別な読み方

①熟字訓《じゅくじくん》…熟語として特別な読み方をするもの。

例 今朝（けさ）・時計（とけい）・七夕（たなばた）

②古くからの習慣《しゅうかん》で決まった読み方をするもの。

例 境内（けいだい）・弟子（でし）・問屋（とんや）

③複数の読み方をする熟語。

例 下手（へた・しもて・したて）

## 表現力アップ

Q 次の①～④の――線部の熟語の読みを答え、音読みのみをア、訓読みのみをイ、重箱読みをウ、湯桶読みをエと答えなさい。

①親身になって考える。（しんみ）〔ウ〕

②文章に加筆した。（かひつ）〔ア〕

③美しい織物を買った。（おりもの）〔イ〕

④先生から指図を受けた。（さしず）〔エ〕

# 02 漢字の読み

ココ大事！

★漢字の読みには、音読みと訓読みの二つがある。

★熟語《じゅくご》は、漢字を組み合わせることで一つの言葉になり、読み方が決まる。

## 深めるチェック　音読みと訓読み

☑**音読み**…漢字はもともと中国で作られた。昔の中国語の発音を当時の日本人が似《に》せて読んだ読み方。

例 招→ショウ　境→キョウ　導→ドウ

☑**訓読み**…漢字のもつ意味ともともとの日本語の意味が同じことから、それを当てはめた読み方。送り仮《が》名《な》に注意して読む。

例 招→まね(く)　境→さかい　導→みちび(く)

音読みだけの漢字、訓読みだけの漢字もある。

・音読みだけの漢字　例 胃→イ　講→コウ

・訓読みだけの漢字　例 畑→はた・はたけ　栃→とち

複数《ふくすう》の音読みをもつ漢字もある。例 米→マイ・ベイ

## 深めるチェック　熟語の読み方

☑**熟語の読み**…「音読み＋音読み」、「訓読み＋訓読み」が基《き》本《ほん》だが、これ以外に「重箱《じゅうばこ》読み」「湯《ゆ》桶《とう》読み」がある。

| | 読み | 組み立て | 例 |
|---|---|---|---|
| ① | 音読み＋音読み | 上下の漢字とも音読み。 | 出発《しゅっぱつ》・倍増《ばいぞう》・減少《げんしょう》<br>登板《とうばん》・団体《だんたい》・成立《せいりつ》 |
| ② | 訓読み＋訓読み | 上下の漢字とも訓読み。 | 麦畑《むぎばたけ》・筆箱《ふでばこ》・夕《ゆう》日《ひ》<br>内側《うちがわ》・炭《すみ》火《び》・身《み》内《うち》 |

## 深めるチェック 漢字の組み立て

☑**漢字のつくり**…漢字には必ず部首がある。部首は漢和辞典を引くときや漢字の意味を知るときに役立つ。部首は大きく次の七つに分けられる。

| | | | |
|---|---|---|---|
| へん | 字の左側 | 木《きへん》・氵《さんずい》・亻《にんべん》 | 例 村・池・体 |
| つくり | 字の右側 | 刂《りっとう》・⻏《おおざと》・頁《おおがい》 | 例 別・都・順 |
| にょう | 字の左から下へ | 辶《しんにょ(ゅ)う》・廴《えんにょう》・走《そうにょう》 | 例 進・建・起 |
| たれ | 字の上から左下へ | 厂《がんだれ》・广《まだれ》・疒《やまいだれ》 | 例 厚・底・病 |
| かんむり | 字の上側 | 艹《くさかんむり》・宀《うかんむり》・⻗《あめかんむり》 | 例 花・守・雪 |
| あし | 字の下側 | 儿《ひとあし》・灬《れんが・れっか》 | 例 兄・照 |
| かまえ | 字のまわりを囲む | 囗《くにがまえ》・門《もんがまえ》・匚《かくしがまえ》 | 例 図・開・医 |

☑漢字の部首の意味…部首にはそれぞれに**関係する**意味がある。

・亻＝にんべん…人の動作や状態《じょうたい》に関係する。

例 **位**（地**位**）・体（**体**力）

・氵＝さんずい…水や液体《えきたい》に関係する。

例 海（**海**水）・湯（熱**湯**）

・禾＝のぎへん…いねやこく物《もつ》などに関係する。

例 積（面**積**）・種（**種**類）

・辶＝しんにょ（にゅ）う…進むことに関係する。

例 近（**近**所）・速（**速**度）

☑**形の似ている部首**…部首の中には、一点一画だけちがうような、よく似た部首がある。

例 ネ（しめすへん）→神・祖
　 衤（ころもへん）→複・補

**表現力アップ**

Q 次の①～⑧の漢字の部首を、**ア**へん、**イ**つくり、**ウ**かんむり、**エ**あしに分けて記号で答えなさい。

①職（ア）　②則（イ）　③断（イ）
④志（エ）　⑤築（ウ）　⑥前（イ）
⑦報（ア）　⑧荷（ウ）

# 01 漢字の成り立ちと組み立て

**ココ大事!**

★漢字はその成り立ち方から大きく**四つ**の種類に分けられる。

★漢字の組み立て…漢字は、**部首**とそのほかのものが組み合わさってできている。

**深めるチェック** 文字の種類と漢字の成り立ち

☑**文字**…何かを伝えるための言葉を、決まった**記号**や**形**として表したもの。日本語は、主に**ひらがな**・**かたかな**・**漢字**で表現《ひょうげん》される。

☑**表音文字と表意文字**

・**表音文字**…音(発音)のみをもつ→**ひらがな**・**かたかな**・**(ローマ字)**

・**表意文字**…音(発音)と意味をもつ→**漢字**

☑**漢字の伝来**…今から約三千五百年も前に**中国**でつくられ、中国の文化とともに日本に伝えられた。

☑**漢字の成り立ちと種類**

・**象形文字**…ものの形を似《に》せた絵がもとになってできた漢字。

例 →山　→川　→雨　→門

・**指事文字**…形のないものを点や線などの記号で表した漢字。

例 →上　→下　→中　→本

・**会意文字**…二つの漢字の意味を組み合わせて、新しい意味をもたせた漢字。

例 口＋鳥→**鳴**　木＋木→**林**　火＋田→**畑**

・**形声文字**…音・意味を表すそれぞれの文字を組み合わせてできた漢字。漢字の数は最も多い。

例 氏(音)＋糸(意味)→**紙**

このほかにも「転注《てんちゅう》文字」と「仮借《かしゃ》文字」がある。

# 国語

□ 編集協力　㈱エディット　㈲Key.B.C.　小南路子　徐幸子　大木富紀子　大木芙三子　出口明憲　中村江美　佐藤英徳　尾﨑恵理子
□ 英文校閲　Lucy Crowell
□ 本文デザイン　山口秀昭（Studio Flavor）
□ DTP　大寳製版㈱
□ 図版作成　大寳製版㈱　モリアート
□ 写真提供　PIXTA　海上保安庁　気象庁　警察庁　根室市　防衛省
□ イラスト　加納徳博　ホンマヨウヘイ
□ 録音　ティー・オー・シー㈱

シグマベスト
**小5 全科キソまとめ**

編　者　文英堂編集部
発行者　益井英郎
印刷所　岩岡印刷株式会社
発行所　株式会社文英堂
〒601-8121　京都市南区上鳥羽大物町28
〒162-0832　東京都新宿区岩戸町17
(代表)03-3269-4231



●落丁・乱丁はおとりかえします。